¿AGUANTARTE UN PEDO TE HARÍA EXPLOTAR?

PREGUNTAS CURIOSAS Y RESPUESTAS
INTRIGANTES PARA ADOLESCENTES

LAUREN CLEARWELL

INTRODUCCIÓN

Muy bien, aclaremos algo antes de sumergirnos en este viaje extraño y maravilloso. La verdad es que has elegido leer este libro porque eres un adolescente con algunas preguntas bastante increíbles a las que estás ansioso por encontrar respuestas. No literalmente, por supuesto. Es cierto que estas preguntas pueden parecer un poco raras, ¡pero incluso las preguntas más extrañas necesitan respuestas reales!

Tu brillante mente joven probablemente está llena de preguntas maravillosas que podrían surgir cuando estás tratando de evitar hacer la tarea o incluso cuando estás mirando al techo. Estas preguntas podrían ir desde, *¿Por qué mi voz suena tan rara cuando la grabo?* hasta, *¿Si me aguanto un pedo, explotaré?* Sí, eres curioso, y ¿adivina qué? ¡Eso es genial y es parte de lo que te hace único! Y oye, aquí no hay juicios.

Así que, permíteme empezar diciéndote esto: No estás solo. Personas de todas las edades a veces tienen preguntas extrañas y alucinantes, como, *¿Por qué nos reímos cuando* *alguien se tropieza?* o, *¿Es realmente posible estornudar con los ojos abiertos?* Seamos honestos: Estas son el tipo de preguntas que podrían hacer que cualquiera se detenga a reflexionar.

Bueno, la buena noticia es que *¿Aguantarse un pedo te hará explotar?: Preguntas curiosas y respuestas intrigantes para adolescentes* es tu boleto dorado para empezar a descubrir las respuestas a algunos de los misterios locos de la vida que no puedes explicar. Pero antes de que pienses, *¿Esto es un libro de texto de ciencia?*, no te preocupes; esto no es una colección aburrida de datos secos. ¡No, para nada! Este libro está lleno de respuestas divertidas y todo lo que necesitas saber sobre algunas de las rarezas de la vida. Descubrirás cosas bastante geniales que harán que tus amigos digan, —¡Espera, eso es verdad?— o, —¿Dónde aprendiste eso?—

Y aquí está la cosa: Ser curioso es uno de los mejores aspectos de ser un adolescente y un ser humano. Entonces, ¿por qué no simplemente dejarte llevar y llenar tu mente de conocimiento? Elige ser tu auténtico yo y explora todas las cosas raras, maravillosas y totalmente locas de la vida que algunas personas podrían pensar pero nunca se atreverían a hablar o buscar respuestas.

Es importante saber que hacer preguntas es algo de lo que deberías estar orgulloso. ¿Y adivina qué? ¡Cuanto más rara sea la pregunta, mejor! Después de todo, no eres cualquier adolescente; eres un futuro maestro de trivia. Así que abró-chate el cinturón y prepárate para uno de los viajes más extraños, divertidos y entretenidos a través de algunas de las preguntas más raras de la vida que jamás hayas hecho.

Ya sea que elijas leer este libro para reírte, aprender trivia o simplemente impresionar a tus amigos con datos alucinantes, está lleno de todo lo que necesitas. Así que, adelante con confianza, siéntete orgulloso de tu curiosidad y exploremos algunas de las preguntas más extrañas del mundo y respuestas aún más extrañas. ¡Que comience la diversión!

PARTE I

EL CUERPO HUMANO EXTRAÑO Y ALOCADO

1

¿POR QUÉ LA GENTE SE SIENTE TAN CÓMODA CON EL OLOR DE SUS PROPIOS PEDOS?

Aquí hay un misterio apestoso: ¿Por qué no nos molesta el olor de nuestros propios pedos? Es como si hubieran ganado estatus VIP en el mundo de los olores. Entonces, ¿qué está pasando aquí? Pues todo se reduce a la familiaridad. Tu cuerpo está acostumbrado a sus propios aromas naturales.

Cuando sueltas un pedo, tu cerebro básicamente dice: *He olido cosas peores, esto no es para tanto.* Esto es solo parte de la experiencia de *ser humano*, igual que no te molesta el olor de tu propia habitación, aunque esté un poco maloliente, porque estás acostumbrado.

¿Pero cuando alguien más se tira uno? Eso es una historia completamente diferente. Tu cerebro no sabe qué viene y de inmediato cambia al modo: *¿Qué diablos es eso?* Es como la diferencia entre escuchar tu canción favorita y de repente ser atacado con la lista de reproducción aleatoria de alguien más. La falta de familiaridad te golpea como un ataque sorpresa, y tus sentidos no están preparados para eso.

Los pedos están compuestos de gases como nitrógeno, oxígeno y dióxido de carbono, sustancias que son completamente inofensivas para ti. Como eres tú quien produce estos gases, tu cerebro no los ve como una amenaza. Sin embargo, cuando otras personas se tiran pedos, su mezcla química única es menos familiar, como si su lista de reproducción de pedos no coincidiera con tu estilo.

Al final, todo se trata de comodidad y familiaridad. *¿Tus propios pedos?* Son solo otra parte de ti. *¿Los de alguien más?* Un giro en la trama que no pediste. Pero bueno, acéptalo, es tu propio *aroma*, después de todo, ¡y tú eres el creador!

¿ES POSIBLE ESTORNUDAR CON LOS OJOS ABIERTOS?

L a respuesta corta a esta intrigante pregunta es sí, es posible estornudar con los ojos abiertos. Dicho esto, probablemente sea importante agregar que la mayoría de las personas no intentan hacerlo, y es probable que ni siquiera se les pase por la mente. Cuando estornudas, tu cuerpo está realizando básicamente un gran y poderoso reinicio que limpia tu nariz y vías respiratorias de cualquier irritante no deseado.

Muchos de los reflejos del cuerpo humano entran en acción cuando estornudas, incluido el cierre automático de los ojos. Es una respuesta natural que ayuda a evitar que gérmenes o partículas entren en ellos.

Podrías intentar estornudar con los ojos abiertos, pero probablemente se sienta bastante incómodo. Los músculos que controlan el movimiento de los ojos y el parpadeo están conectados a los músculos que usas cuando estornudas. Entonces, cuando estornudas, la fuerza y la presión pueden hacer que sea casi imposible mantener los ojos abiertos, al menos sin un esfuerzo genuino.

Así que no te preocupes. No corres el riesgo de que se te salgan los ojos al estornudar. Entonces, aunque es físicamente posible estornudar con los ojos abiertos, probablemente sea mejor dejar que se cierren; después de todo, ¡tu cuerpo sabe lo que hace!

¿POR QUÉ TENEMOS CEJAS Y CUÁL ES SU PROPÓSITO?

L as cejas no están ahí solo para hacerte ver más expresivo o para que luzcas el *juego de cejas* perfecto en las redes sociales. Sin embargo, seamos totalmente honestos: ¡eso es parte de su encanto! La función principal de las cejas es, en realidad, proteger uno de tus regalos más preciados: tus ojos. Puedes pensar en ellas como pequeños escudos elegantes que desvían el sudor, el agua y el polvo. Es como si tus cejas dijeran: —¡No, hoy no, lluvia!— o —¡Sigue adelante, sudor!— para que tu visión se mantenga cristalina cuando más la necesitas.

¡Pero espera, hay más! Las cejas también te ayudan a comunicarte sin decir una palabra. Quizás no te hayas dado cuenta antes, pero es importante prestar atención a las cejas. Se mueven cuando una persona está sorprendida, confundida o incluso pensando profundamente. Tus cejas son como el sistema de emojis incorporado en tu rostro. Piensa en la última vez que te sorprendiste. ¿Notaste que levantaste las cejas asombrado? No, no es solo un reflejo extraño; son tus cejas haciendo su trabajo para ayudarte a expresarte mejor.

Y otra cosa que podría sorprenderte es que tus cejas juegan un papel muy importante para que otras personas reconozcan tu rostro. Sí, ¡no leíste mal! Tienes tu propio sistema de reconocimiento facial de alta tecnología incorporado. Seamos realistas: ¡nadie te confundirá con otra persona cuando vea tu característico levantamiento de cejas!

Así que, aunque tus cejas no tengan superpoderes, definitivamente son más útiles que solo ser estilosas. ¡Son los pequeños héroes silenciosos de tu rostro, protegiendo tus ojos, expresando tus emociones y asegurándose de que la gente sepa que eres tú!

4

¿POR QUÉ SOÑAMOS Y TIENEN SIGNIFICADOS OCULTOS?

Los sueños. ¿Son una exploración aventurera de tu mente subconsciente o simplemente tu cerebro organizando una fiesta nocturna? Honestamente, nadie lo sabe con certeza. Lo que sí sabemos es que los sueños son básicamente la forma en que tu cerebro procesa el caos del día, excepto que, en lugar de hacerlo de manera ordenada, lo revuelve todo, y de repente, estás montando un unicornio a toda velocidad por un supermercado lleno de gente.

Pero los sueños no son solo historias interesantes; te ayudan a procesar emociones, recuerdos y todas las cosas aleatorias que pasan por tu cabeza. Es como si tu cerebro decidiera: —¡Bueno, es hora de limpiar!—, solo que, en lugar de organizar las cosas correctamente, convierte tu estrés en una película de acción en la que tú eres el protagonista.

Entonces, ¿los sueños realmente significan algo? Algunos investigadores creen que te ayudan a lidiar con sentimientos no resueltos. Así que, si sueñas que llegas a la escuela usando solo tu ropa interior favorita que brilla en la oscuridad, tal vez tu cerebro está tratando de decirte que estás mucho más estresado de lo que deberías. O quizás solo está jugando contigo.

Otras personas piensan que los sueños son simplemente la forma en que tu cerebro da sentido a pensamientos aleatorios, lo que explicaría por qué de repente te encuentras pilotando una nave espacial con forma de taco. Tal vez te sientes aventurero, o quizás tu cerebro tiene un sentido del humor extraño. De cualquier manera, ya sea que tus sueños tengan un significado oculto o no, definitivamente hacen que dormir sea más interesante. Solo no le des demasiadas vueltas a ese sueño en el que un panqueque gigante te persigue.

¿QUÉ ES EL MAL ALIENTO MATUTINO?

Seguro estás familiarizado con el mal aliento matutino. Podría decirse que es una de las partes menos favoritas de despertarse por la mañana para la mayoría de las personas. Entonces, ¿qué está pasando realmente ahí dentro? Bueno, para ser honesto, todo se reduce a las bacterias.

Cuando estás profundamente dormido, todo tu cuerpo, incluyendo tu boca, entra en *modo de descanso*, y la producción de saliva disminuye. Esto significa que, mientras duermes, hay menos de ese enjuague bucal natural para mantener las cosas frescas en tu boca, así que las bacterias se ponen a trabajar mientras tu boca descansa, alimentándose de cualquier partícula de comida que haya quedado. ¿El resultado? Ese encantador mal aliento matutino.

El mal aliento matutino puede hacerte sentir un poco avergonzado, pero en realidad no es algo de lo que debas preocuparte; es una parte perfectamente normal de ser el ser humano increíble que eres. ¡Todos lo tienen, incluso aquellos que proclaman con orgullo que nunca han tenido mal aliento en sus vidas! La realidad es que es peor por la mañana porque las bacterias en tu boca tuvieron muchas horas para hacer una fiesta sin supervisión mientras dormías, y tu boca no tuvo la oportunidad de refrescarse.

Ahora, ¿por qué huele tan mal? Bueno, esas bacterias hambrientas producen compuestos de azufre mientras descomponen cualquier resto de comida, y esos compuestos son los que le dan al mal aliento matutino ese olor de "¡puaj!". Así que, si tu aliento huele como si algo hubiera muerto en tu boca, es solo la forma en que tu cuerpo dice: *¡Tuvimos una noche loca! ¡Gracias!*

Afortunadamente, el mal aliento matutino es algo que puedes solucionar bastante fácilmente cepillándote los dientes, usando enjuague bucal y bebiendo agua al despertar. Así que, la próxima vez que te despiertes con el temido mal aliento matutino, solo recuerda: es la forma en que tu cuerpo te saluda con entusiasmo por la mañana con un muy singular: *¡Despierta, sol! ¡Es hora de cepillarse!*

¿PUEDEN LAS PERSONAS REALMENTE COMBUSTIONAR ESPONTÁNEAMENTE?

Esta es otra pregunta bastante fascinante. La respuesta a esa pregunta es —no—. Por genial y posiblemente aterrador que suene en las películas, la idea de que podrías estallar en llamas al azar no es algo de lo que debas preocuparte en la vida real.

La combustión humana espontánea (CHE) es —la noción de que alguien puede prenderse fuego de repente sin una causa obvia—, como un accidente extraño o alguna magia inexplicable. Suena dramático, ¿verdad? Sin embargo, no hay pruebas sólidas de que este fenómeno ocurra de forma natural. Lo que realmente podría estar sucediendo en estos casos raros es que una pequeña chispa o llama enciende el fuego, y luego, la grasa del cuerpo humano actúa como una mecha gigante, lo que hace que se queme más rápido. No es combustión espontánea; es más parecido a una barbacoa que salió horriblemente mal, sin que nadie haya sido invitado y sin malvaviscos.

Así que no entres en pánico pensando en convertirte en una antorcha humana mientras ves tu serie favorita de Netflix. Si sientes calor, lo más probable es que sea porque olvidaste encender el ventilador o el aire acondicionado, no porque estés a punto de estallar en llamas. Y si te preocupan esas velas o encendedores que están por la casa, es buena idea dejar este libro por un momento y ponerlos en un lugar seguro fuera de tu alcance. Aparte de eso, es mucho más probable que te quemes con el sol que combustionar espontáneamente.

¿POR QUÉ LAS VOCES SUENAN RARAS EN LAS GRABACIONES?

Alguna vez has escuchado con curiosidad una grabación de tu voz y pensado, *¿Quién diablos es esa persona?* Si no lo has hecho, es hora de que lo hagas porque te vas a sorprender—no literalmente, claro. Escuchar tu propia voz en una grabación puede sentirse como si estuvieras escuchando a un completo extraño hablándote. Si te pasa, no te preocupes; no te estás volviendo loco. Tu voz sí suena diferente en las grabaciones, y en realidad es algo gracioso cuando lo piensas.

Pero, ¿por qué sucede eso? Bueno, cuando hablas, tu voz llega a tus oídos de dos maneras. Primero, como es de esperar, está el sonido que viaja por el aire. Luego, ¡también está el sonido que viene desde dentro de tu cabeza! Sí, leíste bien —desde dentro de tu cabeza. Aunque no te des cuenta, tu cráneo vibra, y esas vibraciones llevan una versión más rica y profunda de tu voz a tu oído interno. Así que, cuando te escuchas a ti mismo, es como si tuvieras un pase VIP a la *edición completa y de lujo* de tu propia voz.

Cuando escuchas una grabación de tu voz, el micrófono solo capta el sonido que viene desde fuera de tu cabeza—la versión del aire. No hay vibraciones adicionales del cráneo ni profundidad extra. Por eso tu voz grabada a menudo suena un poco más aguda o delgada de lo que estás acostumbrado a escuchar. Básicamente, estás escuchando la *versión de radio* de ti mismo, no la versión inmersiva en 3D que experimentas en la vida real.

¿Sabes qué? Los micrófonos también tienen sus propias peculiaridades. Pueden exagerar ciertas partes de tu voz, como tus notas agudas o ese sonido peculiar que haces cuando dices la palabra *ardilla*. Por eso las grabaciones a veces pueden hacerte sonar como una persona completamente diferente, llevándote a preguntarte, *¿De verdad soy yo?* Así que, la próxima vez que te estremezcas al escuchar tu propia voz en una grabación, solo recuerda: no eres tú, es la ciencia—¡y tal vez el micrófono no es fan de tu rango vocal único!

¿QUÉ SUCEDE CUANDO SE TE DUERME EL PIE?

¿Alguna vez has estado sentado un rato y de repente sientes que tu pie se ha convertido en una extraña masa adormecida y torpe que no parece pertenecerte? Intentas moverlo, pero es como si hubiera decidido tomar una siesta sin pedirte permiso primero. Entonces, ¿qué está pasando realmente cuando se te duerme el pie?

Bueno, en realidad no es un sueño místico; es más como si tu pie estuviera haciendo un pequeño berrinche porque no está recibiendo la atención que necesita. Esto ocurre cuando ejerces presión sobre ciertos nervios o vasos sanguíneos. Suele pasar cuando te sientas en una posición incómoda o cruzas las piernas. Cuando esa presión aumenta, puede cortar el flujo de sangre e interferir con las señales nerviosas que van a tu pie. Tu cerebro comienza a recibir mensajes equivocados, y es entonces cuando empiezas a sentir esa extraña sensación de hormigueo que todos conocemos y que, de alguna manera peculiar, hasta podríamos disfrutar.

Esa sensación se llama parestesia. Es la forma en que tu cuerpo te dice: —Oye, me he quedado sin oxígeno y nutrientes por demasiado tiempo; ¿puedes moverte para que pueda despertar? Cuando finalmente cambias de posición y permites que la sangre fluya de nuevo hacia tu pie, los nervios comienzan a funcionar correctamente otra vez, por eso sientes esa sensación de *alfileres y agujas*. Es como si tu pie dijera: —¡Sí, por fin puedo sentir de nuevo!

Así que, aunque es muy molesto, en realidad es solo tu cuerpo siendo dramático. La buena noticia es que es inofensivo, solo un pequeño recordatorio de tu pie para que le des un poco de amor y evites sentarte en esa posición incómoda por mucho tiempo.

¿POR QUÉ LOS ESTORNUDOS SE SIENTEN TAN BIEN?

Alguna vez te has dado cuenta de que estornudar se siente extrañamente satisfactorio? Ya sabes esa sensación cuando has estado aguantando un estornudo por un rato y, de repente, ¡bum!—tu cuerpo finalmente tiene su momento de gloria, y parece que una pequeña celebración estalla dentro de tu cabeza. Pero, ¿por qué estornudar se siente tan bien? ¿Será algún tipo de placer oculto del que nadie nos habló?

Resulta que los estornudos son como la forma que tiene tu cuerpo de presionar el botón de *reinicio*. Cuando estornudas, tu cuerpo está eliminando irritantes—ya sea polvo, polen o simplemente esa cosquilla aleatoria en tu nariz. Pero aquí está el detalle: no se trata solo de deshacerte de esos irritantes. La sensación de alivio y liberación es parte de la diversión. Estornudar activa todo tipo de músculos en tu rostro, pecho e incluso tu estómago. Es como si tu cuerpo estuviera haciendo su propia mini rutina de ejercicio, y te quedas con esa sensación de *ahhh* después.

¡Pero espera, hay más! Estornudar en realidad libera una ráfaga de endorfinas—las mismas sustancias químicas que te hacen sentir bien cuando haces ejercicio o te ríes. Estas endorfinas son como la forma que tiene tu cerebro de darte un chócalas después de que el estornudo termina. Básicamente, es la manera en que tu cuerpo te dice: *¡Oye, hiciste un buen trabajo limpiando tu nariz; aquí tienes una pequeña recompensa!*

Por eso los estornudos a veces se sienten tan geniales—obtienes una rápida oleada de alivio, un impulso de endorfinas y, seamos honestos, una sensación fantástica de logro. Es como si tu cuerpo hubiera presionado el botón de actualización de todo tu sistema. Así que, la próxima vez que estornudes, tómate un momento para apreciar la pequeña celebración que tu cuerpo está haciendo solo por ti. ¡Te lo mereces!

¿PARA QUÉ SIRVEN LOS ESCALOFRÍOS?

Seguro has experimentado esos momentos en los que sientes un escalofrío repentino y tu piel se llena de pequeñas protuberancias, como si tu cuerpo se hubiera convertido en un acerico humano. Ya sabes, esos inconfundibles escalofríos. Es como si tu cuerpo intentara enviar un mensaje, pero el mensaje es un poco, digamos, confuso. Entonces, ¿para qué sirven estos escalofríos?

Bueno, lo creas o no, los escalofríos son en realidad un vestigio que heredamos de nuestros ancestros peludos. Sí, antes de evolucionar hacia los humanos de piel suave que somos hoy, nuestros parientes cavernícolas tenían pelaje que los ayudaba a mantenerse calientes y abrigados, y a parecer más grandes de lo que eran. Cuando sentían frío, el pelo de su cuerpo se erizaba y atrapaba más aire para mantenerlos calientes. Así que, cuando tienes escalofríos, tu cuerpo está haciendo su mejor imitación de un ancestro peludo intentando mantenerse abrigado, excepto que, bueno, ya no tenemos pelaje.

¡Pero los escalofríos no solo aparecen cuando tienes frío! También surgen cuando sientes emociones fuertes, como miedo o emoción, o cuando escuchas una canción o una historia increíble. Esto es lo que se conoce como la respuesta de lucha o huida: tu cuerpo se prepara para algo intenso, como si estuvieras a punto de sacar la mejor nota en tu próximo examen de ciencias o de huir de un oso pardo a velocidades olímpicas. Los pequeños músculos situados en la base de los folículos pilosos se contraen, y esto hace que se formen las protuberancias. Es como si tu cuerpo dijera: *¡No sé si debería estar asustado, emocionado o simplemente súper confundido, así que mejor hago esto!*

Así que, aunque los escalofríos ya no tienen mucho propósito para nosotros, son un recordatorio peculiar de lo únicos que son nuestros cuerpos y de que aún conservan viejos trucos del pasado, y a veces, simplemente una reacción divertida a cosas que nos hacen vibrar las emociones.

¿POR QUÉ SE ARRUGAN LOS DEDOS EN EL AGUA?

P asar tiempo relajándote en la piscina o tomando un baño largo puede hacer que de repente tus dedos parezcan estar audicionando para un papel de una criatura antigua y sabia en una película de ciencia ficción. Es como si pasaran de ser suaves y lisos a algo que realmente pertenecería a un comercial de pasas en la televisión en lugar de estar en tu cuerpo. Pero, ¿por qué sucede esto? ¿Acaso tu cuerpo solo está intentando darte una idea de cómo te verás cuando cumplas 99 años? ¡No exactamente!

Resulta que los dedos arrugados no son solo un efecto secundario peculiar de pasar demasiado tiempo en el agua; en realidad, hay una razón detrás de esto. Tu cuerpo está siendo un poco astuto aquí. Cuando tus dedos—y quizás incluso tus pies—se arrugan en el agua, es una respuesta de tu sistema nervioso. Verás, tu cuerpo es súper inteligente, y aunque no lo creas, esta arruga podría ayudarte a agarrar cosas mejor. ¡Es como darle a tus dedos un par de guantes resistentes al agua de forma natural!

En el pasado, los científicos creían que la arruga era solo el resultado de que tu piel absorbía agua y se hinchaba de manera extraña. Sin embargo, investigaciones recientes muestran que en realidad es un truco de supervivencia bastante ingenioso. Las arrugas crean más superficie, lo que ayuda a tus manos a agarrar objetos mojados y resbaladizos —algo así como la banda de rodadura de un neumático. ¿Genial, no? Así que, si fueras un cavernícola intentando recolectar comida en un ambiente húmedo, tus dedos arrugados te darían un mejor agarre en rocas, plantas o lo que fuera que estuvieras tratando de agarrar.

Aunque hoy en día quizás no lo necesitemos para sobrevivir, sigue siendo un pequeño recordatorio peculiar de cómo nuestros cuerpos solían adaptarse. Y, seamos honestos: ¿a quién no le gusta un buen momento de dedos arrugados para sentirse especialmente interesante en la piscina o después de un baño?

¿CUÁL ES EL VERDADERO PROPÓSITO DE LA ÚVULA?

L a ¿qué? Bueno, ya sabes, esa cosita *colgante* que se balancea justo en la parte posterior de tu garganta cuando dices —Ahh—. Sí, a eso se le llama úvula, y no, no está ahí solo para parecer un adorno extraño o para hacerte sonar gracioso cuando intentas cantar. Entonces, ¿cuál es el verdadero propósito de este pequeño y misterioso pedazo de carne que simplemente está ahí, colgando en tu garganta?

Bueno, lo creas o no, la úvula en realidad tiene un trabajo bastante importante. No está ahí solo para avergonzarte cuando intentas hablar en público o para hacerte sentir incómodo por cómo te ves cuando bostezas. Uno de sus principales trabajos es ayudar a tragar, específicamente evitando que la comida y los líquidos suban por tu nariz. Ya sabes, como esa vez que intentaste tomar algo y accidentalmente te salió por la nariz. Sí, esa es la úvula en acción, asegurándose de que eso no suceda... la mayor parte del tiempo, al menos.

¡Pero eso no es todo! La úvula también ayuda con el habla al asistir en la pronunciación de ciertos sonidos. Ayuda a controlar el flujo de aire y las vibraciones en tu boca y garganta, convirtiéndola en una parte crucial para hablar claramente. Es como el héroe anónimo de tus cuerdas vocales, haciendo su trabajo en silencio para que puedas hablar sin sonar como un desastre.

Así que, aunque parezca un pequeño bulto al azar simplemente colgando, tu úvula es en realidad un elemento clave en la deglución, el habla y en asegurarse de que no aspires accidentalmente tu cena. ¡Es la campeona no reconocida de tu garganta, haciendo su trabajo sin esperar nunca un agradecimiento!

¿EXISTE UNA RAZÓN CIENTÍFICA DETRÁS DE SER COSQUILLOSO?

Estás leyendo un libro increíble, totalmente relajado, cuando de repente alguien te da un toquecito en las costillas. Al instante, te retuerces y estallas en una risa incontrolable. ¿Qué acaba de pasar? Te atacó la cosquilla.

La ciencia nos dice que hay dos tipos de cosquillas. La *knismesis* es esa sensación ligera y hormigueante, como cuando un insecto se posa sobre ti o una pluma te roza. Puede hacerte retorcer un poco, pero generalmente no te hace reír a carcajadas. Luego está la *gargalesis*, la que te hace estallar en risas cuando alguien te hace cosquillas en las costillas, los pies o las axilas.

Cuando te hacen cosquillas, tu piel envía señales directamente a tu cerebro, que rápidamente decide si la sensación es peligrosa o simplemente juguetona y desencadena tu respuesta de reír y retorcerse. Intenta hacerte cosquillas a ti mismo y no pasa nada: tu cerebro ya sabe lo que estás a punto de hacer y detiene la reacción.

Algunos científicos piensan que la cosquilla es un truco de supervivencia, ya que tus puntos más vulnerables también son los más cosquillosos. Otros dicen que se trata de crear vínculos: los bebés se ríen cuando sus padres les hacen cosquillas, y los amigos tienen peleas de cosquillas solo por diversión. En resumen, la cosquilla es la extraña forma en que tu cerebro te mantiene a salvo y te hace reír, aunque a veces te vuelva un poco loco.

¿QUÉ SUCEDE CUANDO TUS OÍDOS DE REPENTE SE DESTAPAN EN UN AVIÓN?

E l destape de oídos, esa sensación que te hace querer meter la cabeza en una almohada hasta que se detenga. Estás volando a 30,000 pies, disfrutando de tu refrigerio a bordo, y de repente: ¡pop! De la nada, tus oídos se sienten como si los hubieran tapado con algodón. *¿Qué está pasando ahí dentro? ¿Se están dañando tus oídos? ¿Están guardando un rencor secreto contra ti?*

No, simplemente es tu cuerpo haciendo lo suyo para mantenerte cómodo, aunque se sienta un poco raro. Cuando estás volando, la presión del aire dentro de la cabina del avión cambia a medida que ganas altitud o desciendes. Tus oídos son como pequeños monitores sensibles a la presión, y cuando la presión dentro de la cabina no coincide con la presión dentro de tu oído medio, tu tímpano se estira para intentar igualar todo. Esto resulta en ese sonido de destape y, sinceramente, es solo tu cuerpo tratando de mantener el equilibrio.

Normalmente, tus oídos son bastante buenos manejando esto. Tus *trompas de Eustaquio* son —esos pequeños

conductos que conectan tu oído medio con la parte posterior de tu nariz y garganta, y ayudan a regular la presión—.
Pero a veces, especialmente si estás enfermo, congestionado
o simplemente volando a gran velocidad, esos conductos
pueden obstruirse un poco. Es entonces cuando sentirás que
la presión aumenta y necesitarás destapar tus oídos.

Para ayudar a acelerar el proceso, puedes intentar tragar,
bostezar o soplar suavemente mientras te tapas la nariz.
Recuerda no soplar demasiado fuerte, no hay necesidad de
crear una crisis de presión. Esto ayuda a que tus trompas de
Eustaquio se abran y equilibren la presión.

Así que, aunque el destape de oídos pueda sonar un poco
dramático, en realidad es solo la forma en que tu cuerpo
dice: *Yo me encargo, déjame ocuparme de la presión.* ¡Ojalá los
refrigerios del avión fueran tan buenos manejándola como
tus oídos!

¿PUEDES SUDAR TANTO QUE RESBALAS SOBRE TU PROPIO CUERPO?

Esto puede sonar como algo que solo pasa en caricaturas graciosas, pero si alguna vez has sobrevivido a una clase de gimnasia en un día caluroso, ya *sabes* la lucha. Un segundo estás dominando esas flexiones, y al siguiente—¡zas!—tu mano se resbala como si hubieras pisado una barra de jabón hecha de... bueno, de ti mismo.

Entonces, ¿qué está pasando? Primero, si eres humano, ¡transpiras! Los niveles de sudor pueden variar mucho de persona a persona, pero, en promedio, la mayoría de las personas pierden entre 0.5 y 2 litros de sudor por hora al hacer ejercicio. Incluso en días tranquilos, en los que apenas te mueves, tu cuerpo puede liberar alrededor de 3 litros— solo por existir. Así que sí, incluso haciendo muy poca actividad física puedes gotear como un grifo que pierde.

La mayoría de las veces, tu ropa lo absorbe o simplemente se evapora. Pero si estás sin camisa, descalzo o entrenando en una superficie lisa, resbalar en tu propio sudor es realmente posible. No es común—pero definitivamente posible.

Ahora, si eres alguien que suda *mucho*, incluso cuando no te mueves mucho, podrías tener algo llamado hiperhidrosis. Ese es solo un nombre elegante para la sudoración excesiva que ocurre cuando tus glándulas sudoríparas no saben cuándo parar. Es totalmente real, un poco frustrante y, sí, puede aumentar mucho tu riesgo de resbalar. Las personas con hiperhidrosis son conocidas por empapar camisetas y zapatos y, de vez en cuando, dejar pequeños charcos.

Entonces, ¿puedes resbalar sobre tu propio cuerpo? Sí, no es algo que pase todos los días, pero definitivamente no es un mito, especialmente si tu cuerpo está en modo aspersor. Solo una razón más para llevar una toalla y quizás reconsiderar hacer flexiones en superficies en las que puedas resbalar cuando estén mojadas.

PARTE II

REACCIONES EXTRAÑAS Y RAREZAS COTIDIANAS

¿POR QUÉ NOS REÍMOS CUANDO ALGUIEN SE CAE?

Alguien tropieza, se tambalea o se da un buen golpe, y de repente, estás haciendo todo lo posible por no reírte a carcajadas. Es como si tu cuerpo no pudiera evitarlo, incluso si te preocupa que se hayan lastimado. *Entonces, ¿por qué nos reímos cuando alguien se cae? ¿Será que todos somos sádicos en secreto, o hay algo más profundo detrás de esto?*

Pues resulta que hay una razón psicológica detrás de esto, y no es porque seas malvado. Cuando alguien se cae, se activa algo llamado *teoría de la incongruencia*—básicamente, nuestro cerebro encuentra gracioso cuando las cosas no salen como se espera. En nuestra vida cotidiana, estamos acostumbrados a ver a las personas de pie y caminando como seres humanos normales. Entonces, cuando alguien se cae, es un momento inesperado, y nuestro cerebro lo encuentra sorprendente, aunque sepamos que probablemente no haya pasado nada grave. Es como si tu cerebro dijera: *Vaya, eso no debería haber pasado... pero pasó. Y ahora, no sé cómo reaccionar, así que me reiré para quitarme la tensión.*

Pero aquí está la parte graciosa: también nos reímos porque nos sentimos aliviados. Cuando alguien se cae, hay ese pequeño instante en el que todos pensamos: *Oh no, ¿estará bien?* Pero si se levanta de inmediato como si nada hubiera pasado, el alivio nos invade y no podemos evitar reírnos de lo ridículo de la situación. Es casi como si reír fuera la manera en que nuestro cuerpo libera la tensión que vino con la caída.

Así que, aunque parezca que todos somos unos despiadados que se ríen sin más, la risa es en realidad una reacción natural a una mezcla de sorpresa, alivio y, sinceramente, lo completamente absurdo que es ver a alguien convertirse de repente en parte del piso. Solo recuerda asegurarte de que esté bien primero—luego, puedes reírte sin sentirte culpable.

¿POR QUÉ LOS MOSQUITOS TE VEN COMO UN MANJAR DE CINCO ESTRELLAS MIENTRAS QUE A LOS DEMÁS LOS IGNORAN?

Los pequeños vampiros zumbadores de la naturaleza que no pueden resistirse a la sangre de algunas personas: los infames mosquitos. Estás tranquilo, ya sea afuera o adentro, y de repente, ¡zaz! Alguien más está siendo atacado mientras tú te quedas en paz. ¿Por qué los mosquitos prefieren a algunas personas más que a otras? ¿Será que son malos para hacer amigos o hay un método en su locura zumbante?

Pues resulta que los mosquitos son un poco exigentes con sus elecciones culinarias. No eligen al azar a quién picar; tienen preferencias, y esas preferencias están respaldadas por la ciencia. En primer lugar, los mosquitos se sienten atraídos por el dióxido de carbono, algo que todos exhalamos. Así que, si respiras como un corredor de maratón después de unos cuantos sprints, podrías ser un blanco perfecto. Pero no se trata solo de cuánto aire expulsas; a los mosquitos también les encantan ciertos olores que produce tu piel y tu sudor. Sustancias como el ácido láctico, el ácido

úrico y el amoníaco —¿qué rico, no?— pueden hacer que
huelas como un buffet de cinco estrellas para mosquitos.

¡Pero espera, hay más! Si tienes una temperatura corporal
más alta o produces más calor corporal, los mosquitos básicamente se sienten atraídos hacia ti como una polilla a la
llama. Así que, si siempre eres la persona más caliente en la
habitación o tienes pies naturalmente sudorosos, ¡felicidades! Probablemente eres el VIP del mundo de los mosquitos.

Y aquí un dato curioso: Algunas personas producen naturalmente más de lo que les encanta a los mosquitos, mientras
que otras son como un buffet libre para ellos. No es personal; los mosquitos simplemente tienen sus preferencias, y
desafortunadamente, algunos de nosotros somos imanes
andantes para estos zumbadores.

Así que, la próxima vez que estés afuera y todos los demás
estén siendo atacados mientras tú tomas tu té helado en paz,
solo recuerda: No es que seas mejor que los demás; es que
eres un poco menos delicioso para los mosquitos. ¡Qué
suerte tienes!

¿POR QUÉ NUESTROS ESTÓMAGOS RUGEN MÁS FUERTE CUANDO ESTAMOS EN SILENCIO?

Otro momento incómodo: el rugido inesperado del estómago. Estás pasando el rato con tus amigos, o quizás en clase, y de repente—*boom*— tu estómago decide hacerse notar, sonando como si estuviera audicionando para un documental sobre la selva. Siempre parece suceder en el peor momento posible, ¿verdad? Entonces, ¿por qué tu estómago hace este ruido tan dramático cuando estás en silencio?

Bueno, la razón por la que tu estómago ruge es porque básicamente te está recordando que tiene hambre y está esperando comida. Cuando estás en silencio, hay menos ruido que cubra el retumbar de tu estómago e intestinos, por lo que se vuelve mucho más evidente. Piensa en ello como la forma en que tu cuerpo te dice: *Oye, tú, ¡estoy aquí trabajando duro! ¿Me podrías lanzar un bocadillo o algo? Lo que sea, ¡por favor!*

Esos rugidos ocurren cuando tu estómago e intestinos están tratando de procesar comida, incluso si no hay nada para procesar. Es como si tu sistema digestivo se aburriera y quisiera hacer una pequeña revisión para asegurarse de que todo sigue funcionando.

Además, no se trata solo de tener hambre. A veces, tu estómago entra en *modo de revisión* para ver si la comida llegará pronto. Es como si tu estómago estuviera jugando al *A ver si alguien se da cuenta de que existo*. Como suele suceder cuando hay silencio, definitivamente todos se dan cuenta. Es como si el sonido fuera mucho más fuerte cuando estás en un momento de tranquilidad, especialmente en clase o cuando estás pasando el rato con amigos.

Así que, la próxima vez que tu estómago decida recordarte sus necesidades y su presencia, solo recuerda que está tratando de llamar tu atención. No es gran cosa—los estómagos de todos hacen ruidos raros de vez en cuando. Simplemente ríete un poco, toma un bocadillo y sigue adelante.

¿REALMENTE PUEDES MORIR DE VERGÜENZA?

Seguro has escuchado a alguien en tu círculo decir —Casi me muero de la vergüenza—. Tal vez también te has preguntado: *¿Realmente una persona puede morir de vergüenza?* Ya sabes esa sensación cuando tropiezas frente a tu crush o le envías un mensaje a la persona equivocada, haciendo que tu cara pase de pálida a rojo tomate en 0.5 segundos. Es la peor sensación, ¿verdad? Naturalmente, podrías preguntarte: *¿Toda esta vergüenza realmente puede ser mortal?*

Bueno, relájate. No, en realidad no puedes morir de vergüenza. Aunque tu vergüenza no causará una pantalla de *game over* inmediata, puede tener algunos efectos secundarios bastante graciosos. Cuando te da vergüenza, tu cuerpo entra en modo de estrés total. Tu corazón comienza a latir más rápido, tu cara se pone roja, e incluso podrías empezar a sudar o sentir que estás a punto de desmayarte. Es como si tu cuerpo dijera: *Eh... oh, este es un momento bastante incómodo; vamos a responder a esta situación como si fuera cuestión de vida o muerte.* Pero en realidad, solo estás tratando de sobrevivir a un desastre social, no experimentando un ataque al corazón.

La razón por la que sentimos que estamos a punto de morir cuando nos da vergüenza es que nuestros cuerpos responden a la vergüenza de la misma manera que lo hacen cuando estamos ansiosos o asustados. Y adivinaste bien, esta es la respuesta de *lucha o huida*. En lugar de huir de un oso, estás tratando de escapar del oso emocional conocido como incomodidad social. Tu cuerpo libera adrenalina y cortisol, que son hormonas del estrés que te hacen sentir nervioso, sonrojado y con ganas de fundirte en el suelo.

¡Pero no te preocupes! Aunque sientas que tu vida social se está desmoronando en tiempo real, es poco probable que un poco de vergüenza termine con tu vida, a menos que te impida buscar ayuda médica cuando la necesites. Vivirás para contar la historia después de ese momento vergonzoso ocasional, y probablemente te reirás de ello más tarde. Solo recuerda: Todos han pasado por eso, y tu momento vergonzoso será olvidado mucho más rápido de lo que crees.

¿POR QUÉ ALGUNAS PERSONAS SE PONEN DE MAL HUMOR CUANDO TIENEN HAMBRE?

E*l mal humor por hambre* es esa combinación mágica de *hambre* e *ira* que convierte incluso a la persona más amable en un monstruo irritable y exigente de comida. Probablemente ya lo has visto antes: alguien está de buen humor, pero en cuanto su estómago empieza a rugir, es como si se activara un interruptor y, de repente, se convierte en una persona totalmente diferente. Entonces, ¿por qué la gente se pone de mal humor cuando tiene hambre?

Bueno, todo se debe al drama interno de tu cuerpo. Cuando no comes por un tiempo, tu nivel de azúcar en la sangre baja, y es entonces cuando las cosas pueden ponerse un poco locas. Tu cerebro necesita glucosa para funcionar correctamente, y cuando no obtiene la energía que desea, envía una señal para que te conviertas, bueno, en alguien no muy agradable. Tu cuerpo libera hormonas del estrés como la adrenalina y el cortisol, que normalmente están ahí para ayudarte a lidiar con el peligro, pero en este caso, solo te están volviendo irritable porque la comida es el peligro. ¿Y adivina qué? Ese mal humor que estás experimentando de repente es la forma en que tu cuerpo te motiva a encontrar comida lo más rápido posible.

Básicamente, tu cerebro está diciendo: *Oye, tengo mucha hambre y no la estoy pasando bien, así que me aseguraré de que estés de mal humor hasta que arregles esta situación.* Es como una pequeña situación de rehén emocional en la que solo la comida puede salvarte. Además, el hambre puede impedir tu capacidad de pensar con claridad, lo que hace que sea mucho más difícil tomar decisiones cuando estás de mal humor por hambre. ¿Quieres discutir con alguien? Sí, el hambre hace que sea mucho más fácil estallar contra ellos.

Así que la próxima vez que alguien pase de estar tranquilo a —Estoy a punto de lanzar mi teléfono por la ventana porque tengo hambre—, solo recuerda que el mal humor por hambre es un fenómeno real, y se trata de la necesidad natural de tu cuerpo de obtener comida. ¡Aliméntate y observa la transformación de vuelta a tu yo normal!

¿POR QUÉ BOSTEZAMOS CUANDO OTROS LO HACEN?

El bostezo es una señal universal que dice: *Estoy cansado, aburrido, o tal vez solo estoy tratando de ser parte del grupo.* Pero aquí está la verdadera pregunta: ¿Por qué siempre bostezamos cuando alguien más lo hace? ¿Será porque secretamente todos somos parte de algún antiguo culto del bostezo, o hay algo más detrás de esto?

Bueno, resulta que bostezar es en realidad *contagioso*, y no solo porque los bostezos son una forma astuta de llamar la atención de todos a tu alrededor—aunque ese es un efecto secundario bastante bueno. Cuando vemos a alguien bostezar, nuestro cerebro reacciona imitando su acción. Es como una respuesta automática, similar a cómo podrías sonreír cuando alguien más sonríe.

Los científicos lo llaman *bostezo contagioso*, y puede estar relacionado con la conexión social. Sí, leíste bien: Cuando bostezas en respuesta a alguien más, tu cerebro se está conectando con el suyo de una manera extraña pero totalmente humana. Es como la forma única de tu cerebro de decir: *Está bien, te entiendo, amigo.*

Pero, ¿por qué sucede? Las investigaciones sugieren que el bostezo contagioso está vinculado a la empatía. Cuando vemos a alguien bostezar, nuestro cerebro lo reconoce y lo *siente*—algo así como si estuviéramos compartiendo la misma emoción o cansancio. Entonces, si tu amigo bosteza, podrías pensar: *Oye, sí, yo también estoy cansado. Vamos a bostezar juntos y hacer de esto un esfuerzo grupal.* En realidad, es una señal de que estamos en sintonía con las personas que nos rodean, lo cual es bastante genial si lo piensas.

Y sí, es totalmente contagioso. Probablemente lo has experimentado tú mismo—una persona bosteza, y en cuestión de segundos, toda la habitación queda atrapada en una gran cadena de bostezos. Es como un efecto dominó de bostezos del que no puedes escapar. La próxima vez que te encuentres bostezando después de alguien más, solo recuerda: No es una coincidencia; ¡es magia social del cerebro en acción!

22

¿PUEDES ENFERMARTE POR SALIR AL EXTERIOR CON EL PELO MOJADO?

E l clásico mito de que *el pelo mojado te enferma* es algo que probablemente escuchaste de tu mamá muchas veces mientras crecías, ¿verdad? —No salgas con el pelo mojado; ¡te vas a resfriar!— Es como una advertencia ancestral transmitida de generación en generación, pero ¿hay algo de cierto en eso? ¿Realmente puedes resfriarte solo por salir al exterior con el pelo húmedo?

Bueno, la respuesta corta es —No—. En realidad, no te resfriarás *solo* por salir con el pelo mojado. Los resfriados son causados por virus, específicamente los rinovirus, no por el clima o el nivel de humedad de tu cabello. Así que el pelo mojado no es lo que te va a enfermar, pero es probable que te haga sentir un poco frío e incómodo.

Dicho esto, aunque el pelo mojado no causa enfermedades directamente, el frío y la incomodidad podrían debilitar un poco tu sistema inmunológico, haciéndote más vulnerable a los virus que ya están rondando. Si estás parado en el frío durante mucho tiempo, tiritando y sintiéndote miserable, eso teóricamente podría facilitar que los virus se infiltren.

Pero no te preocupes si solo vas corriendo a la tienda o caminando a clase con el pelo mojado, tu sistema inmunológico probablemente sea lo suficientemente fuerte para manejarlo.

Así que, aunque es poco probable que te despiertes con un resfriado por ese momento de pelo mojado, sigue siendo una buena idea secarte antes de salir si quieres mantenerte abrigado y cómodo. Además, no hay nada peor que congelarse con el pelo mojado en un día ventoso. Créeme, tu cabello te lo agradecerá.

23

¿ES MALO CRUJIRSE LOS NUDILLOS?

Ese famoso crujido de nudillos, ese sonido que hace que todos a tu alrededor entren en un mini ataque de pánico, como si estuvieran a punto de presenciar algún tipo de ritual antiguo. Seguro te han advertido: —¡Deja de crujirte los nudillos, te va a dar artritis! Pero, ¿es eso realmente cierto o es solo otro mito diseñado para hacerte sentir culpable y cambiar tus malos hábitos?

Bueno, la verdad es que crujirse los nudillos no causa artritis. Eso es un alivio, ¿no? El sonido que escuchas es simplemente burbujas de aire que estallan en las articulaciones al estirarlas. No son huesos rozándose ni nada tan espeluznante. El sonido es inofensivo, y no hay evidencia científica confiable que indique que crujirse los nudillos provoque artritis o daños a largo plazo. Así que, si quieres, ¡sigue crujiéndotelos sin preocupaciones!

Sin embargo, como con la mayoría de las cosas en la vida, hay una pequeña advertencia... Aunque crujirse los nudillos no cause artritis, definitivamente puede llevar a otros problemas que no querrás enfrentar. Si te crujes los nudillos con frecuencia, podrías irritar los ligamentos alrededor de las articulaciones o causar alguna molestia temporal. Si lo haces constantemente y de manera agresiva, incluso podrías terminar con un poco de hinchazón o una disminución en la fuerza de agarre. Así que, si tu hábito de crujirte los nudillos se está convirtiendo en una obsesión, tal vez valga la pena tomar un descanso de vez en cuando para darle a tus manos el reposo que necesitan.

Al final, crujirse los nudillos es bastante inofensivo siempre y cuando no te duela o te cause molestias. Solo sé consciente y recuerda: no es el sonido el problema, sino el crujido constante lo que podría provocar un poco de dolor.

24

¿QUÉ CAUSA EL HIPO Y CÓMO
PUEDES DETENERLO?

E l hipo podría considerarse el invitado sorpresa menos favorito de muchas personas. Simplemente aparece de la nada, generalmente en el momento más inconveniente, como en medio de una clase o cuando intentas impresionar a alguien con tu *historia extremadamente importante*. Entonces, ¿qué está pasando cuando tu cuerpo decide empezar a hacer ese extraño sonido de *hip* cada pocos segundos?

El hipo ocurre cuando tu diafragma, el músculo justo debajo de los pulmones, sufre un espasmo repentino. Este músculo normalmente te ayuda a inhalar y exhalar suavemente, pero cuando tiene un espasmo, hace que tus cuerdas vocales se cierren de golpe, y ¡zas! obtienes ese clásico sonido de *hip*. Es como si tu cuerpo estuviera organizando una pequeña fiesta de hipo sin invitarte. Nadie sabe exactamente por qué sucede esto, pero podría ser desencadenado por factores como comer demasiado rápido, beber bebidas carbonatadas o incluso reír demasiado fuerte. Algunas personas también experimentan hipo cuando están estresadas o nerviosas. Básicamente, es como si tu cuerpo dijera: *¡Sorpresa! Vamos a hacer esta cosa aleatoria ahora.*

Pero, ¿cómo lo detienes? Bueno, hay numerosos *remedios* peculiares: algunas personas juran que aguantar la respiración durante unos segundos funciona, como si estuvieran a punto de sumergirse en la aventura submarina más larga del mundo. Luego, hay quienes incluso intentan beber agua boca abajo o tragar cucharadas de mantequilla de maní. No me preguntes por qué, pero a algunas personas les funciona. Algunos incluso creen que asustarte es la clave porque, aparentemente, *nada detiene mejor el hipo que un susto repentino.* Sin embargo, ningún remedio garantiza funcionar para todos. Es un poco como un juego de *¡prueba todo hasta que algo finalmente funcione!*

Así que, la próxima vez que te encuentres con un caso frenético de hipo, recuerda: es tu cuerpo siendo raro, pero es inofensivo. Y tal vez prueba algunos de esos trucos para el hipo si te sientes valiente. ¡Pero no te sorprendas si terminas con más hipo por intentar demasiado detenerlo!

25

¿POR QUÉ A VECES LAS PERSONAS SE DESPIERTAN DE GOLPE JUSTO ANTES DE DORMIRSE?

Alguna vez has experimentado ese momento en el que estás a punto de caer en un sueño plácido y, de repente, tu cuerpo decide *sacudirse* y despertarte como si estuvieras en un trampolín? Es como tu propia montaña rusa en miniatura que nadie pidió, y siempre parece ocurrir en el peor momento posible. Pero, ¿qué está pasando cuando tu cuerpo te da una *llamada de atención sorpresa* justo antes de sumergirte en el mundo de los sueños?

Este movimiento involuntario de despertar se llama *sacudida hípnica*, *sacudida mioclónica* o *inicio del sueño*, y es completamente normal, aunque sigue siendo bastante extraño. Ocurre cuando los músculos de tu cuerpo comienzan a relajarse mientras te duermes, pero, por alguna razón, tu cerebro entra en pánico, pensando que te estás cayendo o perdiendo el control. Entonces, envía una sacudida a tu cuerpo para despertarte, como si estuvieras a punto de estrellarte contra el suelo. Tu cerebro piensa: *Espera, ¿nos estamos cayendo? ¡Despierta, soldado dormilón!*

Lo fascinante es que nadie sabe realmente por qué ocurren estas sacudidas, pero los científicos tienen algunas teorías. Una, como ya se mencionó, es que cuando tus músculos se relajan, tu cerebro puede confundirse y pensar que te estás cayendo. Otra idea es que es solo un reflejo residual de nuestros ancestros antiguos, que necesitaban despertarse rápidamente en caso de que estuvieran a punto de caerse de un árbol o algo así. ¡Qué pensamiento más raro: *los primeros humanos intentando dormir la siesta mientras estaban en las ramas!* El estrés o la ansiedad también podrían hacer que estas sacudidas ocurran con más frecuencia. Así que, si estás estresado por la tarea o un examen importante, tu cuerpo podría estar más inquieto mientras intenta apagarse.

¿La buena noticia? Estas sacudidas son completamente inofensivas. Puede que sientas que estás teniendo un mini ataque de pánico justo antes de dormir, pero tu cuerpo solo quiere mantenerte a salvo, así que es como un pequeño movimiento de "whoa, hoy no" antes de que te pongas demasiado cómodo.

Así que, la próxima vez que experimentes uno de estos despertares inesperados, recuerda: tu cuerpo solo está haciendo lo suyo, asegurándose de que no te des un golpe contra la almohada *sin un plan*.

26

¿REALMENTE PUEDES OLVIDAR
CÓMO CAMINAR?

A menos que seas uno de los primeros robots bípedos, probablemente no vas a olvidar cómo caminar. Afortunadamente, como ser humano, una vez que lo aprendes, tu cerebro guarda esa habilidad como una lista de reproducción favorita en bucle. Se vuelve automático, como andar en bicicleta o saber exactamente dónde están los snacks.

La parte de tu cerebro que mantiene el caminar suave y firme se llama cerebelo, y es responsable del equilibrio y la coordinación. Así que, incluso si estás medio dormido y arrastrando los pies hacia el refrigerador a las 2 a.m., tu cuerpo instintivamente sabe exactamente qué hacer — no se requiere pensar mucho.

Pero aquí está el giro: aunque la mayoría de las personas no simplemente *olvidan* cómo caminar, ha habido algunos casos raros en los que alguien pierde repentinamente la habilidad sin estar lesionado. Se llama Trastorno Neurológico Funcional (FND, por sus siglas en inglés), y es como si tu cerebro presionara pausa, no porque esté dañado, sino porque está abrumado o confundido. Puede ocurrir en momentos de gran estrés o ansiedad, y hace que moverse se sienta muy difícil. Cuando esto sucede, tus piernas dejan de cooperar, tu equilibrio puede verse afectado, e incluso podrías caerte. No es fingido, y por lo general es temporal — pero es muy real.

Y luego, están esos momentos incómodos de todos los días, como cuando se te duerme el pie o tropiezas sin motivo aparente. Tu cerebro todavía sabe cómo caminar; tu cuerpo solo está tratando de ponerse al día. Eso no es olvidar — es ser perfectamente humano.

27

¿PUEDEN LOS HUMANOS SOBREVIVIR SIN DORMIR?

El sueño: algo de lo que muchas personas se quejan por no tener suficiente. Pero, ¿realmente pueden los humanos sobrevivir sin dormir? ¿Podemos simplemente entrar en modo *sin dormir* y seguir adelante como si fuéramos superhéroes? Alerta de spoiler: *no*. Los humanos no están hechos para ese tipo de hazañas sin sueño.

El sueño es como el botón de reinicio de tu cuerpo. Es cuando tu cerebro y tu cuerpo tienen la oportunidad de recargarse, limpiarse y prepararse para enfrentar un nuevo día. Sin dormir, las cosas se ponen *feas* muy rápido. De hecho, si intentas pasar demasiado tiempo sin dormir, comenzarás a sentir que estás viviendo en una pesadilla caminante. Lo primero que sucede es que tu cerebro se vuelve confuso. Es como intentar usar tu teléfono con un uno por ciento de batería: funcionará por un tiempo, pero eventualmente se bloqueará.

Después de solo unos días sin dormir, probablemente te sentirás más olvidadizo, tendrás problemas para concentrarte y podrías empezar a ver cosas que no están ahí. Sí, alucinaciones. Es como si tu cerebro comenzara a descontrolarse sin ese dulce y necesario sueño REM. Y, como puedes imaginar, sin dormir, el sistema inmunológico de tu cuerpo también se va al traste, lo que hace que sea más probable que te enfermes.

Ahora, las malas noticias no terminan ahí. La privación prolongada del sueño puede afectar tu metabolismo y llevar a problemas como aumento de peso, niveles más altos de estrés e incluso problemas de salud graves como enfermedades cardíacas. Así que, aunque quedarte despierto toda la noche para terminar esa tarea de último minuto pueda parecer una medalla de honor, en realidad te está haciendo más daño que bien.

Así que, ahora sabes que los seres humanos no pueden sobrevivir sin dormir y tampoco deberían intentarlo. Claro, podemos aguantar unos días, pero no es nada agradable. Así que, la próxima vez que pienses en saltarte el sueño para quedarte despierto hasta tarde viendo TikTok o estudiando, solo recuerda: tu cuerpo y tu cerebro te harán saber que es hora de un descanso muy necesario.

PARTE III

DATOS CURIOSOS Y MITOS SOBRE LA COMIDA

28

¿COMER TONELADAS DE ZANAHORIAS PUEDE MEJORAR TU VISTA?

¿Alguna vez te han dicho que comas zanahorias para ver mejor? Bueno, no es exactamente así como funciona. Las zanahorias son buenas para ti, pero no te darán visión nocturna ni te convertirán en algún tipo de superhéroe.

Esta idea en realidad comenzó durante la Segunda Guerra Mundial. Los pilotos británicos usaban radar para detectar aviones enemigos por la noche, pero para mantenerlo en secreto, el ejército difundió el rumor de que simplemente comían muchas zanahorias. La gente lo creyó y, de repente, todos pensaron que las zanahorias eran mágicas para la vista.

Ahora bien, las zanahorias son extremadamente saludables y están llenas de vitamina A, que ayuda a que tus ojos funcionen correctamente. Si tienes muy poca vitamina A, tu visión puede deteriorarse, especialmente en la oscuridad. Así que, aunque las zanahorias ayudan, no te permitirán ver a través de las paredes ni encontrar el control remoto más rápido.

En lugar de atiborrarte de zanahorias, si realmente quieres cuidar tus ojos, no pases horas pegado a una pantalla, trata de no leer con poca luz y tal vez no te sientes a 5 cm de la televisión. Resulta que los padres a veces tienen razón. Además, varía tu dieta: las verduras de hoja verde, los huevos y el pescado también son excelentes para tus ojos.

Así que sí, las zanahorias son buenas para ti, pero no son una cura mágica para tener una visión 20/20. Cómelas porque son sabrosas, no porque esperes ver en la oscuridad como los gatos.

29

SI TE TRAGAS UN CHICLE, ¿SE QUEDARÁ EN TU ESTÓMAGO DURANTE SIETE AÑOS?

Es muy probable que hayas escuchado la advertencia: —¡No te tragues el chicle! ¡Se te quedará en el estómago durante siete años! Suena aterrador, y quizás ya te imaginas tus entrañas convertidas en un cementerio de chicles. Pero tranquilo, no hay por qué preocuparse. Esto es solo un mito. Tu estómago no se convertirá en un museo de chicles, y no despertarás un día lleno de viejas bolas de chicle sin masticar como una máquina expendedora ambulante.

El chicle está hecho de una base gomosa que tu cuerpo no puede descomponer como lo hace con la comida normal. Sin embargo, eso no significa que se quede acampando en tu estómago durante la mayor parte de una década. Tu sistema digestivo es una máquina bien engrasada, y cualquier cosa que no pueda digerir, como el chicle, los granos de maíz y esa pieza de LEGO que se tragó tu primito, simplemente sigue avanzando hasta que —sí, lo adivinaste — sale por el otro extremo.

Ahora, antes de que empieces a tragarte toda tu reserva de chicles, seamos realistas: tragar demasiado de una vez puede causar una obstrucción. La molestia y el posible dolor podrían llevar a tus padres a llevarte a la sala de emergencias, y quién sabe qué pasará después, algo que no disfrutarías.

Podrías pensarlo un poco como un embotellamiento de tráfico, pero no en la hora pico, sino en tus intestinos. Es raro, pero ha pasado, y créeme, no quieres ser la persona que tenga que explicarle eso a un médico. Así que, aunque un chicle no te convertirá en un dispensador de PEZ humano, sigue siendo mejor escupirlo en la basura... Sí, escuchaste bien... la basura... *no* debajo de tu escritorio, *no* en la acera, y definitivamente *no* en el zapato de tu amigo. Créeme, tu sistema digestivo y los tenis de los demás te lo agradecerán.

30

¿POR QUÉ EL CABELLO SE VUELVE GRIS?

Alguna vez has notado cabello gris en una persona mayor y has pensado —¡Caramba, ¿cómo siquiera pasa eso?— Quizás la última vez que la viste, su cabello tenía su color habitual, y la próxima vez, parecía que había perdido una batalla contra el tiempo o una lata de pintura. Esto no es algo de lo que haya que preocuparse demasiado. Aunque sería genial si lo fuera, el cabello gris no es una señal de que se esté desbloqueando alguna sabiduría ancestral. Simplemente es la manera que tiene tu cuerpo de mostrarte que está decidiendo retirarse de su color natural de cabello.

Así es como funciona el color de tu cabello: Tu cabello obtiene su color de la melanina, el mismo pigmento que le da tono a tu piel. Pero a medida que envejeces, las células productoras de melanina en los folículos pilosos comienzan a flojear, algo así como la batería de un teléfono que ya no dura tanto como antes. Menos melanina significa menos color, y eventualmente, el cabello se vuelve gris, plateado o incluso blanco o gris temprano en la vida, hay una buena probabilidad de que a ti también te pase. Lo siento, no hay reembolsos en ese caso. Y aunque el estrés puede acelerar un poco las cosas, reprobar un examen de matemáticas o olvidar el cumpleaños de tu mejor amigo no hará que tu cabello se vuelva gris de la noche a la mañana.

¿Las buenas noticias? El cabello gris es totalmente normal, y mucha gente logra lucirlo con estilo. Además, al menos no se volverá verde, a menos que te excedas con el cloro. En ese caso... bueno, ¡ese ya es un problema completamente diferente!

31

¿REALMENTE PUEDES VOLVERTE
ADICTO AL CHOCOLATE?

Y a sea que ames el chocolate, prefieras otra cosa o simplemente no te importe, ¿alguna vez te has preguntado si realmente podrías volverte adicto a él? ¿Es posible desearlo tanto que no tener un pedazo te haga entrar en un colapso total? Bueno, noticias buenas: probablemente no estés *técnicamente* adicto. Sin embargo, eso no significa que el chocolate sea fácil de resistir cuando estás de humor para algo dulce.

El chocolate contiene una mezcla de azúcar, grasa y un poco de cafeína, todo lo cual puede hacer que tu cerebro se sienta bastante bien. También contiene algo llamado teobromina, que proporciona un pequeño impulso de energía. Cuando lo comes, tu maravilloso cerebro se pone en marcha y libera dopamina, esos químicos *que te hacen sentir bien* y que pueden hacerte sentir cómodo y feliz. Así que tiene sentido que el chocolate pueda ser tentador, especialmente cuando anhelas un antojo.

¿Pero adicto? No exactamente, aunque una persona podría sentir que lo es. A diferencia de otras sustancias que causan dependencia física, los antojos de chocolate tienen más que ver con el hábito y el placer de comer algo sabroso que satisface tus papilas gustativas. A tu cerebro simplemente le encanta esa recompensa, y seamos realistas, ¿a quién no le gusta sentirse bien después de un bocadillo?

Si te encuentras buscando una barra de chocolate todos los días, tal vez intenta mezclarlo con otros bocadillos también. Sin juzgar, todos tienen su snack favorito. Solo recuerda: disfrutar del chocolate no significa que seas adicto... a menos que empieces a enviar cartas de amor a una barra de Hershey's. En ese caso, ¡tal vez deberíamos hablar un poco más sobre esto!

32

¿QUÉ ONDA CON LA PELUSA DEL OMBLIGO?

L a pelusa del ombligo—sí, esa pequeña y extraña mota que parece aparecer de la nada, como si tuviera su propia vida secreta. ¿Alguna vez te has preguntado qué pasa realmente ahí? Bueno, prepárate: básicamente es una mezcla de pequeñas fibras de tela, células muertas de la piel y cualquier otra cosa que tu ombligo decida recolectar durante el día.

La mayor parte de la pelusa proviene de tu ropa, especialmente si usas telas peludas u oscuras. Cuando tu camiseta roza tu piel, pequeños hilos se desprenden y de alguna manera terminan en tu ombligo, como si estuvieran en una misión secreta. Añade un poco de sudor y algunas células de la piel, y ¡bum!, tienes un nuevo lote de pelusa.

Aquí un dato curioso: las personas con más vello corporal tienden a acumular más pelusa en el ombligo. ¿Por qué? Bueno, el vello del vientre actúa como un embudo, guiando toda esa pelusa directamente hacia tu ombligo, casi como un vórtice de fibras. ¿Qué suerte, no?

La buena noticia es que la pelusa del ombligo es totalmente
inofensiva—a menos que la estés recolectando por... bueno,
razones que mejor no exploramos. Si te da *asco*, simplemente limpia tu ombligo regularmente y estarás libre de
pelusa por un tiempo. Pero aquí está la cosa: no importa
cuánto lo limpies, de alguna manera, la pelusa siempre
encuentra el camino de regreso. Es como un truco de magia
del que no puedes escapar.

33

¿EL CAFÉ REALMENTE AFECTA TU CRECIMIENTO?

Tus padres te han dicho que tomar café podría impedir que crezcas más? Tomas un sorbo de más y ¡pum! Tu estirón de crecimiento queda oficialmente cancelado. Eso es solo otro mito. El café en realidad no te encoge ni elimina tus posibilidades de alcanzar tu altura máxima en la vida.

Este rumor comenzó hace mucho tiempo, cuando la gente creía que la cafeína debilitaba nuestros huesos y afectaba el crecimiento. Pero la verdad es que la ciencia dice lo contrario: el café no interfiere con tu altura. Los únicos factores que determinan exactamente qué tan alto serás son tus genes. Así que, si tienes varias personas altas en tu familia, felicidades, probablemente estés en camino de ser uno de ellos también. Esto es una gran ventaja en la vida, especialmente cuando intentas alcanzar cosas en lugares altos.

Es importante recordar que, aunque el café no te impedirá crecer, sí contiene cafeína, y demasiada puede interferir con tu sueño. Dormir es crucial para los cuerpos en crecimiento porque es cuando tu cuerpo realiza gran parte de su reparación y crecimiento. Si estás tomando café y te quedas despierto hasta tarde todas las noches, podrías sentirte lento al día siguiente o, peor aún, ponerte de mal humor porque estás funcionando con las reservas vacías.

Así que, si te encanta el aroma y el sabor del café pero te preocupa tu altura, no te estreses, estás bien. Solo recuerda que probablemente sea una buena idea evitar los shots de espresso como si fueras un empleado de oficina sobrecargado. ¡Tendrás mucho tiempo para eso más adelante en la vida, cuando seas un poco más alto y toleres mejor la cafeína!

34

¿POR QUÉ LAS CEBOLLAS TE HACEN LLORAR?

Cortar cebollas puede sentirse como si hubieras entrado directamente en una escena emocional de película. Un minuto estás cortando tranquilamente, y al siguiente, ¡bam! Las lágrimas corren por tu cara como si estuvieras en medio de la escena más triste de la historia. Pero no te estreses; las cebollas no están en tu contra. Simplemente tienen un mecanismo de defensa incorporado que tiene una forma peculiar de atacar tus ojos.

Entonces, ¿qué está pasando aquí? Bueno, cuando cortas una cebolla, básicamente estás rompiendo sus células, lo que libera una gran cantidad de químicos en el aire. Uno de ellos es el syn-Propanethial-S-óxido. Ah, y buena suerte intentando decirlo cinco veces seguidas, súper rápido.

El syn-Propanethial-S-óxido se convierte en un gas que sube y llega directamente a tus ojos. Tu cuerpo, pensando que está bajo ataque, comienza a producir lágrimas para lavar el irritante. Así, tu cocina se convierte en el escenario de un drama lleno de lágrimas.

La cebolla probablemente quiere protegerse de ser comida, y, desafortunadamente, tú eres el objetivo. Pero no entres en pánico; ¡puedes contraatacar! Enfriar la cebolla antes de cortarla puede ralentizar esa reacción química, haciendo que sea menos probable que esas lágrimas hagan una aparición dramática. Alternativamente, si te sientes especialmente ingenioso, intenta cortar la cebolla bajo agua corriente para mantener el gas irritante lejos de tus ojos.

O, bueno, siempre puedes dejarte llevar por el drama y hacer que todos crean que estás *super* emocionado por la comida. —¡Oh, estoy bien... es solo que estas cebollas me están afectando!—

35

¿QUÉ RUIDO HA SIDO CORONADO COMO EL SONIDO MÁS ENSORDECEDOR DE LA HISTORIA?

Bueno, todos conocemos a alguien que es un poco ruidoso. Tal vez un hermano que grita de un cuarto a otro o un amigo que ríe como una sirena. Aunque a veces pienses que podrían ser los más ruidosos, ninguno de ellos se acerca al sonido más fuerte jamás registrado en la historia.

El sonido más fuerte jamás registrado en la historia provino de un volcán. Sí, leíste bien. La naturaleza nos ganó en volumen. En 1883, un volcán llamado Krakatoa en Indonesia explotó. Y cuando decimos explotó, no nos referimos a un simple —¡boom!—. Detonó con tanta fuerza que personas a 4,800 km de distancia lo escucharon. Eso es como escuchar una explosión en Londres mientras estás relajándote en Nueva York.

Se estima que el sonido midió alrededor de 310 dB. Los oídos de la mayoría de las personas comienzan a doler alrededor de los 120 dB, superando el umbral del dolor. Krakatoa fue tan fuerte que se cree que reventó tímpanos a 64 km de distancia y sacudió la atmósfera. Los científicos dicen que la onda de presión de la erupción dio la vuelta al planeta 4 veces.

Ahora, aquí viene la parte seria: la erupción de Krakatoa causó enormes tsunamis, destruyó aldeas y más de 36,000 personas murieron. Así que sí, aunque tiene el récord del sonido más fuerte, también nos recuerda lo poderosa que es la naturaleza. Es uno de esos eventos que es fascinante y desgarrador al mismo tiempo.

Aún así, si solo hablamos del sonido, fue tan fuerte que, si el sonido pudiera viajar por el espacio, los extraterrestres habrían girado sus naves y dicho —Nop. Hoy no—. Espera, ¿qué? ¿El sonido no puede viajar en el espacio? ¡Exacto!

El sonido necesita algo para moverse, como el aire, el agua o incluso cosas sólidas. El espacio no tiene nada de eso, así que el sonido no puede viajar. ¿Si Krakatoa hubiera entrado en erupción en la Luna? Silencio total. La lava seguiría volando por todos lados, pero nadie escucharía nada.

PARTE IV

EL CEREBRO Y LO INEXPLICABLE

36

¿ES EL DÉJÀ VU UN FALLO DEL CEREBRO O UNA MIRADA A UN UNIVERSO PARALELO?

El *déjà vu* es —esa sensación de que ya has vivido un momento antes, aunque estés 100% seguro de que no lo has hecho—. Es como si tu cerebro experimentara un pequeño fallo, haciéndote pensar que estás reviviendo algo que, en realidad, está ocurriendo por primera vez. Un segundo estás comiendo un sándwich en clase y, de repente, sin más, sientes esa extraña sensación: *Espera, definitivamente he estado en esta situación exacta antes. Con el sándwich y todo.*

Entonces, ¿qué está pasando realmente? Los científicos creen que el déjà vu ocurre cuando los sistemas de memoria del cerebro se desincronizan un poco. Nuestro procesamiento de memoria se divide en sistemas de corto y largo plazo. Se cree que el déjà vu podría surgir cuando tu cerebro procesa algo nuevo como un recuerdo, creando una sensación de familiaridad cuando no debería. Es como si tu cerebro experimentara un retraso al procesar la situación en cuestión; cuando se pone al día, lo registra por error como algo que ya ha sucedido en el pasado.

Otra teoría sugiere que el déjà vu ocurre cuando el cerebro detecta una similitud entre lo que está sucediendo ahora y un recuerdo que no recuerdas conscientemente. Podría ser un olor particular, una escena o incluso una sensación lo que desencadene esta falsa sensación de familiaridad, haciendo que tu cerebro piense: *Ya he estado aquí.*

Aunque sigue siendo un misterio en cierta medida, el hecho de que el déjà vu parezca ocurrir cuando el cerebro está procesando las cosas fuera de sincronía sugiere que es más un error en el procesamiento de la memoria que una experiencia verdaderamente mística. Así que, la próxima vez que experimentes déjà vu, puedes sonreír y pensar: *Mi cerebro está simplemente esforzando un poco demasiado sus músculos de la memoria en este momento.*

37

¿POR QUÉ VEMOS CARAS EN LAS NUBES?

Alguna vez te has encontrado mirando una nube y de repente pensando, —¿Esa es una cara que me está mirando?— Es casi como si la nube tuviera un secreto que compartir, o tal vez esté tratando de enviarte un mensaje. Pero no te preocupes; no es una señal mística ni una entidad oculta que intenta comunicarse contigo, ¡es solo tu cerebro haciendo lo que mejor sabe hacer!

Este fenómeno se llama pareidolia, que es una palabra elegante para describir la tendencia natural del cerebro a detectar patrones en objetos aleatorios. Es la razón por la que podrías ver una cara en una roca, una rebanada de pan tostado o incluso en una taza de café derramada. Las caras son importantes para los humanos en la comunicación, así que, con el tiempo, tu cerebro se ha vuelto muy bueno para detectarlas, incluso cuando no están presentes.

Las nubes están hechas de pequeñas gotas de agua líquida o cristales de hielo, y sus formas están influenciadas por factores como el movimiento del aire, la densidad y la temperatura, por lo que naturalmente son irregulares y tienen todo tipo de formas aleatorias. Si algunas de esas formas se asemejan vagamente a ojos, una nariz o una boca, tu cerebro entra en acción y creativamente completa el resto. Antes de que te des cuenta, esa nube amorfa se transforma en una cara completamente formada en tu mente, y tu cerebro piensa, —Sí, definitivamente es una cara.— Es casi como si tu cerebro no pudiera resistirse a jugar un juego de —¿Qué es lo que realmente ves?—

Así que, la próxima vez que veas una nube que parece estar sonriéndote, solo recuerda: puede que no sea un mensaje del universo; es solo tu cerebro haciendo lo suyo. Y si esa nube resulta parecerse a una celebridad famosa, ¿por qué no tener una charla con ella?

38

¿POR QUÉ ALGUNAS PERSONAS RECUERDAN DATOS APARENTEMENTE INÚTILES COMO SI FUERA UN SUPERPODER?

Así que estás hablando con alguien que suelta un dato curioso, como el número exacto de sabores de Jelly Belly o el año en que nació Napoleón, y te quedas pensando: *¿Cómo diablos se acuerda de eso?* Es como si su cerebro fuera un cofre del tesoro lleno de conocimientos aleatorios, listo para abrirse en los momentos más inesperados.

Entonces, ¿qué pasa con eso? Pues resulta que algunas personas están naturalmente programadas para almacenar y recordar información que no es necesariamente *útil*, pero que, seamos honestos, es increíblemente interesante. Sus cerebros son como archiveros súper eficientes, con datos y detalles peculiares perfectamente organizados. Esta habilidad surge de cómo funcionan sus sistemas de memoria, lo que les permite codificar y recuperar trivialidades sin esfuerzo. Piensa en ello como una colección mental de conocimientos excéntricos que simplemente... están ahí.

Otra teoría es que los entusiastas de las trivialidades tienen una profunda pasión por aprender. Son constantemente curiosos, siempre en busca de nuevos datos, y disfrutan enormemente descubriendo detalles aleatorios, incluso si nunca los usarán en la vida real. Es como tener una enciclopedia de datos curiosos solo por diversión.

Así que, mientras tú quizás olvides lo que cenaste la semana pasada, ese campeón de las trivialidades podrá recordar cada detalle sobre la historia de las bandas elásticas. Claro, puede que no sea útil en una situación de supervivencia, ¡pero sin duda hace que la noche de trivia sea inolvidable! Esta habilidad única debería celebrarse: no es solo conocimiento aleatorio, sino un reflejo de un cerebro que prospera con la curiosidad, el conocimiento y la diversión.

39

¿POR QUÉ NO TODOS TIENEN MEMORIA FOTOGRÁFICA?

¿Conoces a alguien que puede recordar cada pequeño detalle de una habitación que visitó hace años o describir una escena de una película como si hubiera sucedido ayer? Mientras tanto, tú estás sentado allí tratando de recordar dónde dejaste tu libro favorito hace cinco minutos. ¿Qué está pasando?

Resulta que algunas personas son naturalmente mejores para convertir sus experiencias en recuerdos vívidos, casi *fotográficos*. Esta habilidad, conocida como memoria eidética, les permite recordar imágenes, sonidos y detalles con una precisión notable, casi como si estuvieran hojeando un álbum de fotos mental. La realidad es que la verdadera memoria fotográfica es bastante rara. Lo que la mayoría de nosotros percibimos como un recuerdo perfecto es en realidad una mezcla de técnicas de memoria impresionantes combinadas con un cerebro especialmente sintonizado para los detalles visuales.

¿Por qué sucede esto? Parte de ello es genético: algunos cerebros son naturalmente mejores para almacenar y recuperar imágenes. Sin embargo, la atención, la concentración y el esfuerzo que ponemos en recordar cosas también juegan un papel importante. Si eres alguien que constantemente capta los pequeños detalles a tu alrededor, es más probable que tu cerebro los recuerde. Piensa en ello como si tu cerebro fuera una cámara que necesita estar en el ajuste correcto para capturar la foto.

Si no tienes la suerte de contar con esa *cámara mental*, no te preocupes. Aún puedes entrenar tu memoria para que sea más aguda: solo agrega un poco más de enfoque, práctica y tal vez algunas ayudas mnemotécnicas como tarjetas de memoria. No, no todos caminamos por la vida con un recuerdo perfecto, pero ¿recordar dónde dejaste tu teléfono o tus libros? ¡Eso ya es una victoria en sí misma!

40

¿CUÁL ES LA COSA MÁS EXTRAÑA QUE SE HA ENCONTRADO DENTRO DE UN CUERPO HUMANO?

P repárate, porque esto es toda una montaña rusa. A lo largo de los años, los médicos han encontrado cosas verdaderamente extrañas dentro del cuerpo humano—cosas que te harán estremecer, reír y preguntarte cómo diablos llegaron ahí.

¿Uno de los descubrimientos más impactantes? Una esponja quirúrgica que accidentalmente quedó dentro de un paciente después de una cirugía. Sí, una esponja entera que estuvo olvidada durante años, causando dolor sin que la persona lo supiera. No fue sino hasta que se sometió a otra cirugía que los médicos encontraron la esponja. ¿Te imaginas su sorpresa cuando la sacaron? Estoy seguro de que deben haber dicho algo como —Bueno, eso no se suponía que pasara—.

Pero eso es solo el comienzo... ¡Hay más! Ha habido casos de personas que accidentalmente han tragado todo tipo de cosas—desde bolas de pelo hasta monedas e incluso cepillos de dientes. Un hombre terminó con una hoja de afeitar completa atorada en su sistema digestivo, y no, tampoco tengo idea de cómo sucedió eso. Pero esa persona fue una de las desfavorecidas, ya que se ha demostrado que los ácidos estomacales pueden disolver hojas de afeitar. Alerta de spoiler: ¡Por favor, no lo intentes!

Luego está el caso de la mujer que se despertó y encontró una cucaracha viva en su canal auditivo. Los médicos creen que la cucaracha se metió en el oído de la señora mientras dormía. Definitivamente no es el tipo de sorpresa con el que a alguien le gustaría despertarse.

Afortunadamente, estos incidentes son raros, pero demuestran lo impredecible y extraña que puede ser la vida. Supongo que se podría decir que el cuerpo humano es como un cofre del tesoro lleno de rarezas. Pero, por favor, quedémonos con la comida y evitemos objetos afilados como hojas de afeitar.

41

¿QUÉ EXTRAÑAS CONDICIONES MÉDICAS SE HAN REGISTRADO?

El cuerpo humano tiene algunas sorpresas bastante locas; algunas condiciones son tan inusuales que te hacen pensar si estás viviendo en una película de ciencia ficción. Existen muchas condiciones extrañas, pero para este artículo, vamos a enfocarnos en tres en particular.

1. La primera es la hipertricosis: Esta condición a veces se conoce como *síndrome del hombre lobo*. Causa un crecimiento excesivo de vello en todo el cuerpo: brazos, piernas e incluso la cara. ¡Imagina tener barba, vello en los brazos e incluso en la espalda todo el tiempo! Es raro, pero se ha registrado a lo largo de la historia y a menudo se transmite en las familias. Puede parecer extraño, pero las personas con hipertricosis enfrentan desafíos reales, incluido el estigma social y la necesidad de cuidado constante.

2. Luego está el síndrome de Cotard, una condición en la que las personas creen que están muertas o

que han perdido órganos vitales. Puede sonar como algo salido de una película de terror, pero es una condición psicológica seria. Quienes la padecen experimentan una angustia profunda, creyendo que ya no están vivos, lo que puede hacer que la vida diaria sea extremadamente difícil.

3. Y no olvidemos a la persona que no puede sentir dolor. No, no es un tipo de superpoder; es una condición llamada Insensibilidad Congénita al Dolor (CIP), en la que las personas no sienten dolor físico en absoluto. Aunque pueda sonar como un regalo, en realidad es bastante peligroso, ya que el dolor nos ayuda a protegernos de lesiones. Sin él, algo tan simple como un corte podría pasar desapercibido, poniendo a la persona en riesgo de sufrir un daño grave.

El cuerpo humano ciertamente tiene sus rarezas. Estas condiciones raras nos recuerdan que detrás de estas anomalías médicas hay personas reales que enfrentan desafíos únicos todos los días.

42

¿POR QUÉ OLEMOS COSAS QUE NO ESTÁN AHÍ?

Seguramente te ha pasado entrar a una habitación, percibir un olor y pensar: *¡Qué rico, palomitas recién hechas!*, solo para mirar alrededor y no encontrar ninguna palomita a la vista. O tal vez detectas un toque de rosas, pero no hay ninguna flor en el área. Bienvenido al extraño mundo de la *fantosmia*, donde tu nariz decide jugarte una broma y envía aromas fantasma directamente a tu cerebro.

¿Por qué sucede esto? Nuestras narices son bastante asombrosas para detectar olores y enviarlos a nuestro cerebro. Pero a veces, por razones que aún no entendemos del todo, las cosas pueden salirse de control. Podría ser un *fallo* en la señal o simplemente un sentido del olfato hiperactivo que hace que tu cerebro crea que detecta algo cuando en realidad no es así. Es como si la aplicación detectora de aromas de tu cerebro se volviera loca y te diera *sugerencias de olores* al azar.

Hay varias razones por las que esto puede ocurrir. Podría ser algo tan simple como un resfriado, alergias o una infección de los senos nasales que afecte tu sentido del olfato. Otras veces, está relacionado con el estrés o incluso con problemas neurológicos. Pero en la mayoría de los casos, es inofensivo y simplemente otro rasgo peculiar del cuerpo.

Así que, la próxima vez que estés convencido de que hueles algo de la nada, toma una respiración profunda y ríete de la situación. Es solo tu cerebro jugando una peculiar partida de *¿Qué es ese olor?*—y bueno, ¡lo único que realmente está *fuera de lugar* es tu sentido del olfato!

43

¿PUEDES ESCUCHAR EL SILENCIO?

¿Puedes escuchar el silencio? Esto podría sonar como algo sacado directamente de una película que desafía la mente, pero aquí está la cuestión: técnicamente, no, no puedes escuchar el silencio porque es la ausencia de sonido. Sin embargo, antes de que empieces a pensar que estás perdiendo el contacto con la realidad, vamos a desglosarlo.

Cuando te encuentras en un espacio increíblemente silencioso—piensa en habitaciones insonorizadas. Sí, existen, y son un poco surreales—podrías comenzar a notar algo extraño: los sonidos de tu propio cuerpo. Tu latido del corazón, tu respiración e incluso el sonido de la sangre fluyendo por tus oídos. Es como si tu cerebro siguiera trabajando horas extras para procesar sonidos, incluso cuando el mundo exterior está en silencio. Así que, aunque se siente como silencio, en realidad sigues escuchando a tu cuerpo haciendo lo suyo.

En casos extremos, como en un vacío de sonido casi total, algunas personas han reportado escuchar ruidos extraños, aparentemente aleatorios, o sentir como si hubieran entrado en una dimensión completamente diferente. Incluso puede ser un poco inquietante o desorientador, como si el silencio mismo estuviera jugando contigo. Es casi como si, al esforzarte demasiado por escuchar la nada, tu mente comenzara a crear sus propios sonidos.

Entonces, ¿realmente puedes escuchar el silencio? No exactamente, pero puedes experimentarlo, y podría terminar sintiéndose mucho más extraño de lo que esperarías.

44

¿CUÁL ES LA CIENCIA DETRÁS DEL DOLOR DE CABEZA POR FRÍO Y PUEDE HACERTE DAÑO?

Sabes esa sensación cuando muerdes algo frío, como un helado o un granizado, y de repente sientes como si tu cerebro estuviera haciendo piruetas dentro de tu cráneo? ¿Qué está pasando con esto? ¿Tu cerebro está realmente fallando? ¿O es algún castigo cósmico por disfrutar de otro dulce placer?

No te preocupes; no es que tu cerebro esté funcionando mal. En realidad, se llama *ganglioneuralgia esfenopalatina* (Brusie, 2016). Sí, es un nombre complicado, pero no dejes que eso te asuste. Lo que sucede no es tan aterrador como podría parecer.

Esto es lo que está pasando: cuando algo muy frío toca el paladar, altera el flujo sanguíneo en tu cerebro. Los vasos sanguíneos se contraen y luego se expanden rápidamente, lo que causa un dolor intenso. Es la manera única que tiene tu cerebro de decir: —¡Oye, ve más despacio con lo frío!

Entonces, ¿por qué sucede esto? Bueno, quizás no lo sepas, pero el paladar está conectado a los receptores de dolor en tu cabeza. ¿No es increíble? Cuando se enfría, tu cerebro se confunde y distribuye el dolor por toda la cabeza. Es como tratar de resolver un gran misterio sin tener pistas.

¿La buena noticia? El dolor de cabeza por frío es inofensivo; es solo un momento molesto y rápido. Para evitarlo, trata de tomar bocados más pequeños o deja que tu golosina fría se caliente un poco antes de disfrutarla. Pero si sucede, simplemente acéptalo; después de todo, es un pequeño precio a pagar por la dulce felicidad de un helado.

PARTE V

FENÓMENOS NATURALES EXTRAÑOS

45

¿PUEDEN LLOVER PECES DEL CIELO?

Así que, quizás hayas escuchado historias sobre peces que caen del cielo. Suena como algo sacado de una película de ciencia ficción o de un reporte del clima extraño, ¿verdad? Pero espera un momento. Créelo o no, en realidad sucede, aunque no de la manera que te imaginas.

Este evento raro, conocido como *lluvia de peces*, ocurre —cuando pequeñas criaturas acuáticas, como peces o ranas, son arrastradas por tormentas poderosas y luego caen de nuevo al suelo—. Pero no te preocupes; no es una señal del apocalipsis. Hay una explicación completamente lógica, aunque bastante extraña.

La causa más común de la lluvia de peces es un fenómeno meteorológico llamado tromba marina. Las *trombas marinas* son —columnas de aire giratorio similares a tornados que se forman sobre el agua—. Cuando se vuelven lo suficientemente fuertes, pueden succionar objetos ligeros, incluyendo peces, al pasar sobre lagos, ríos u océanos. Estos peces son llevados a gran altura, a veces viajando kilómetros antes de caer de nuevo al suelo cuando la tormenta pierde su fuerza.

Los reportes de lluvia de peces se remontan a siglos atrás y han sido documentados en varias partes del mundo, incluyendo Honduras, donde un evento anual llamado *Lluvia de Peces* se ha reportado por más de 100 años. ¿Increíble, no?

Así que, aunque parezca una escena sacada de una gran novela de fantasía, la lluvia de peces es un fenómeno natural real, aunque raro. Si alguna vez te encuentras en una, ¡solo recuerda que un paraguas podría no ser suficiente para protegerte de los mariscos que caen del cielo!

46

¿QUÉ CAUSA LA "VISIÓN DE ESTRELLAS"?

¿Alguna vez te has parado demasiado rápido y de repente has sentido como si estuvieras dentro de una explosión de brillantina? Un segundo estás bien, y al siguiente, tu visión se llena de pequeñas luces parpadeantes. No, no estás desbloqueando superpoderes, y los extraterrestres no están tratando de abducirte. Lo que realmente está sucediendo se llama hipotensión ortostática, que es solo una manera elegante de decir que tu presión arterial baja demasiado rápido cuando te levantas.

Cuando te paras, la gravedad empuja tu sangre hacia abajo, y tu cuerpo debería reaccionar rápidamente tensando los vasos sanguíneos y aumentando tu frecuencia cardíaca para mantener un flujo sanguíneo suficiente al cerebro. Pero a veces, se demora un poco, dejando a tu cerebro momentáneamente corto de circulación. Es entonces cuando experimentas mareos, aturdimiento o esos extraños destellos de estrellas: básicamente es tu cuerpo presionando el botón de *espera, por favor* mientras se pone al día.

La mayoría de las veces, tu cuerpo se recupera en unos segundos, y estás listo para seguir. Sin embargo, si esto ocurre con frecuencia o si sientes que podrías desmayarte, podría ser una señal de que algo más está sucediendo. La deshidratación, el azúcar baja en la sangre, ciertos medicamentos o condiciones de salud subyacentes podrían estar causándolo. Recuerda que si esto sigue ocurriendo, vale la pena mencionárselo a tus padres.

Así que, la próxima vez que te levantes demasiado rápido y tu visión estalle en fuegos artificiales, solo recuerda: no es magia; es simplemente tu cuerpo tratando de mantenerse al día. No hay necesidad de entrar en pánico; es solo uno de esos aspectos curiosos de ser humano.

47

¿QUÉ SUCEDE CUANDO RECIBES UNA DESCARGA ESTÁTICA?

L a descarga estática... Un momento, estás pasando el día tranquilamente y, de repente, ¡zas! Un pequeño golpe que te hace saltar como si te hubiera caído un rayo. —¿Qué está pasando aquí?

Lo que sientes es la electricidad estática en acción. Al moverte —ya sea arrastrando los pies por una alfombra, quitándote el suéter o deslizándote sobre el asiento de un auto— tu cuerpo recoge electrones adicionales y acumula una carga eléctrica. Algunos materiales, como la lana, las alfombras y las telas sintéticas, son especialmente buenos para transferir estos electrones, por eso es más probable que te den una descarga en ciertas situaciones.

Una vez que tu cuerpo ha acumulado suficiente carga, necesita un lugar donde liberarla. En el momento en que tocas algo conductor —como el pomo de una puerta, un interruptor de luz o incluso otra persona— esa energía almacenada se descarga rápidamente y crea esa pequeña y aguda descarga. Esencialmente, es un mini rayo justo en la punta de tus dedos.

Las descargas estáticas ocurren con más frecuencia en condiciones secas, especialmente en invierno, porque la humedad del aire suele ayudar a que la electricidad se disperse antes de acumularse. Cuando el aire está seco, esas cargas adicionales permanecen más tiempo, esperando el momento perfecto para sorprenderte.

¿Las buenas noticias? Las descargas estáticas son bastante inofensivas —son solo un pequeño toque para recordarte que la física siempre está en funcionamiento, incluso cuando no estás pensando en ello. Así que, la próxima vez que te den una descarga, no lo tomes como algo personal. La naturaleza te mantiene alerta o tal vez te está animando a invertir en un buen par de zapatos con suela de goma.

48

¿POR QUÉ ALGUNOS ANIMALES BRILLAN MÁGICAMENTE EN LA OSCURIDAD?

Alguna vez has estado caminando por la noche en la oscuridad y de repente has visto un resplandor misterioso a lo lejos? No, te equivocaste; no es un ovni, y tampoco has desbloqueado la visión nocturna—es solo la naturaleza mostrando sus trucos. Algunos animales, como las luciérnagas, las medusas y ciertos peces de aguas profundas, tienen la capacidad natural de brillar, gracias a un fenómeno llamado bioluminiscencia—la versión propia de la naturaleza de una barra luminosa.

Pero, ¿por qué lo hacen? Bueno, brillar cumple diferentes propósitos dependiendo del animal, y la mayoría de las veces es para sobrevivir, comunicarse o—crédulo o no—el romance. Para las luciérnagas, brillar tiene que ver con atraer a la pareja perfecta. ¿Esos destellos parpadeantes en la noche? Básicamente son señales de amor de las luciérnagas. Los machos envían patrones luminosos para impresionar a las hembras, y si una hembra está interesada, responde con su propio destello—como la versión natural de enviar un mensaje de texto: *Hola...*

Otras criaturas, como ciertas medusas y peces de aguas profundas, usan la bioluminiscencia para camuflarse. En las profundidades más oscuras del océano, brillar con el mismo color que la luz circundante les ayuda a mezclarse y evitar a los depredadores. Es como una capa de invisibilidad, pero mucho más genial.

Luego, están los animales que usan su brillo para confundir a los depredadores o atraer a sus presas. Algunos calamares, por ejemplo, crean patrones de luz pulsante para distraer a los atacantes o atraer a cenas desprevenidas. Es como la versión submarina de un espectáculo de láser, pero con más tentáculos y menos DJs.

Pero no solo las criaturas salvajes tienen este superpoder de brillar; ¡algunas mascotas domésticas también exhiben bioluminiscencia! Ciertas especies de gatos y perros, especialmente aquellos con pelaje brillante, pueden emitir un resplandor bajo la luz ultravioleta. Este brillo se debe a proteínas específicas en su piel y pelo que reaccionan a la luz ultravioleta. Aunque esta bioluminiscencia no ocurre de manera natural, como en el caso de las luciérnagas, sigue siendo un truco fascinante que los científicos han descubierto en animales genéticamente modificados o bajo condiciones de luz específicas.

Así que la próxima vez que veas algo brillar en la naturaleza o en tu propio patio, respira hondo y no entres en pánico. No es una invasión alienígena—solo algunas criaturas increíbles mostrando sus luces nocturnas incorporadas. ¿Genial, verdad?

49

¿QUÉ HAY DETRÁS DE ESA INCLINACIÓN DE CABEZA CARACTERÍSTICA DE LOS PERROS CUANDO ESCUCHAN? ¿ES SOLO TERNURA O ALGO MÁS?

Alguna vez tu perro ha inclinado la cabeza cuando le hablas, como si estuviera intentando descifrar algún código o resolver uno de los grandes misterios de Sherlock Holmes? Es una de las cosas más tiernas que hace, pero ¿qué está pasando realmente detrás de esos ojos adorables?

Bueno, los perros inclinan la cabeza por varias razones, y generalmente se reduce a su deseo de entenderte mejor o recordar algo. Primero, cuando inclinan la cabeza, están ajustando sus orejas para escucharte de manera más efectiva. Sus orejas son increíblemente flexibles, e inclinar la cabeza les ayuda a afinar lo que están escuchando. Es casi como si dijeran: —Un momento, ¿qué? Repítelo, por favor. — La inclinación también les ayuda a determinar de dónde proviene el sonido, como si fuera su propia versión de un sonar.

Pero no se trata solo de escuchar. También están intentando vernos mejor. Los perros son expertos en leer nuestras caras y emociones, así que cuando inclinan la cabeza, obtienen una mejor vista de nuestras expresiones. Están tratando de determinar si estamos felices, molestos o si simplemente les estamos pidiendo que se —sienten— de nuevo. Es como si fueran pequeños detectives peludos, captando todas las pistas que les damos.

Y seamos honestos: ¡a veces probablemente solo están intentando ganarse nuestro cariño para obtener una golosina! —¡Oh, por favor, dame un premio!— Es su estrategia para conseguir un poco más de amor o una deliciosa recompensa. Así que, cuando tu perro te hace esa adorable inclinación de cabeza, solo recuerda que está intentando entenderte, recordar algo o, deliciosamente, buscando un premio. De cualquier manera, ¡es demasiado tierno para resistirse!

¿RETENER UN PEDO REALMENTE TE HARÁ EXPLOTAR?

La respuesta a esta pregunta es un gran ¡no! Aunque retener un pedo no te hará explotar, ¡podría hacerte desear que así fuera! Cuando sientes que la presión aumenta, es porque tu cuerpo está produciendo gas como parte del proceso digestivo. Todos los días, tu estómago e intestinos trabajan duro para descomponer toda esa comida deliciosa que consumes, lo que produce gas que, te guste o no, eventualmente necesita ser liberado.

Si retienes ese gas, no desaparece mágicamente. En cambio, tu cuerpo lo reabsorbe, y podrías experimentar algunos síntomas bastante desagradables, como hinchazón, malestar o el ocasional dolor de estómago. Puedes imaginarlo como tratar de meter demasiada ropa en una maleta que es demasiado pequeña: ¡eventualmente, algo cederá!

Así que, aunque no explotarás por retener un pedo, puede ser incómodo y tu estómago podría sentirse un poco raro. Si te tienta retener un pedo en una situación incómoda, probablemente sea mejor que lo sueltes. Dicho esto, es preferible hacerlo cuando estás solo. Si un pedo se escapa en el momento menos indicado, no te avergüences ni te pongas rojo como un tomate: recuerda que es una parte normal de la digestión, y todos se tiran pedos, ¡incluso esos influencers de redes sociales tan populares!

Así que no te preocupes demasiado por una explosión dramática por retener un pedo, pero no lo retengas por mucho tiempo: ¡tu cuerpo podría encontrar la manera de liberarlo cuando menos lo desees o esperes!

EPÍLOGO

Bueno, amigos, aquí estamos al final de este viaje salvaje, extraño y totalmente descabellado. Han descubierto las respuestas a algunas de las preguntas más desconcertantes de la vida, como por qué nos reímos cuando alguien se tropieza o por qué no podemos mantener la seriedad cuando se trata de nuestros propios gases. Hemos explorado desde el misterioso propósito de la úvula —¿quién sabía que eso existía?— hasta si crujir los nudillos realmente causa artritis. Alerta de spoiler: no lo hace, pero aún podría volver loca a la persona que está a tu lado.

Y no olvidemos las cosas buenas, como que aguantarse un gas no hará que explotes. Claro, puede dejarte incómodo, pero no te convertirás en una bomba de tiempo andante. Gracias a Dios, ¿no? Ya sea que hayan leído esto en una tarde lluviosa o lo hayan usado para impresionar a sus amigos con datos curiosos, espero que se hayan reído un poco y hayan aprendido algo divertido.

La próxima vez que estén con sus amigos y la conversación gire en torno a —¿Por qué se me duerme el pie?— o —¿Qué pasa con el aliento matutino?—, serán ustedes los que tengan todas las respuestas y probablemente algunos chistes épicos para compartir. Felicidades, ¡han obtenido su *PhD no oficial* en la ciencia de las preguntas extrañas y maravillosas que tienen los adolescentes!

Recuerden, la vida es demasiado corta para tomar todo tan en serio. Así que, sigan riéndose de las pequeñas cosas, sigan haciendo las grandes preguntas y siempre abracen la rareza. Hasta la próxima, ¡sigan siendo divertidos, curiosos y su maravillosamente único yo!

Y oye, por favor no intentes aguantarte ese gas... déjalo salir; solo tal vez no lo hagas en un ascensor lleno de gente.

BIBLIOGRAFÍA

Aguirre, C. (2023, 9 de octubre). *La ciencia de las cosquillas*. Headspace. https://www.headspace.com/articles/is-laughter-the-best-medicine

Oído de avión: Síntomas y causas. (2019). Mayo Clinic. https://www.mayoclinic.org/diseases-conditions/airplane-ear/symptoms-causes/syc-20351701

Anandanayagam, J. (2024, 9 de enero). *¿Puedes morir de vergüenza? Lo que sabemos*. Health Digest. https://www.healthdigest.com/1486527/can-embarrassment-cause-death/

Pregunta a los expertos: ¿Por qué nos reímos cuando alguien se cae? (2008). *Scientific American Mind*, *19*(5), 86-86. https://doi.org/10.1038/scientificamericanmind1008-86

Mal aliento: Síntomas y causas. (2018). Mayo Clinic. https://www.mayoclinic.org/diseases-conditions/bad-breath/symptoms-causes/syc-20350922

Baraza, B. (2024, 26 de diciembre). *La ciencia detrás de por qué nos gustan nuestros propios gases y lo que dice sobre liderazgo y empoderamiento*. Medium. https://medium.com/@Balozi.Baraza/the-science-behind-why-we-like-our-own-farts-and-what-it-says-about-leadership-and-empowerment-9c7fc9f45298

Beaulieu-Pelletier, G. (2023, 13 de marzo). *¿Por qué nos reímos cuando alguien se cae? Esto es lo que dice la ciencia*. The Conversation. https://theconversation.com/why-do-we-laugh-when-someone-falls-down-heres-what-science-says-199367

Bedinghaus, T. (2019). *Entiende por qué a veces ves estrellas y destellos de luz*. Verywell Health. https://www.verywellhealth.com/why-do-i-see-stars-3422028

Begum, T. (s. f.). *La erupción del Krakatau de 1883: Un año de lunas azules*. Museo de Historia Natural. https://www.nhm.ac.uk/discover/the-1883-krakatau-eruption-a-year-of-blue-moons.html

Begum, J. (2021, 10 de noviembre). *11 datos sobre los estornudos*. MedicineNet. https://www.medicinenet.com/11_facts_about_sneezes_and_sneezing/article.htm

Bhandari, S. (2021). *¿Qué es el déjà vu?* WebMD. https://www.webmd.com/mental-health/what-is-deja-vu

Funciones corporales explicadas: La piel de gallina. (s. f.). Pfizer. https://www.pfizer.com/news/articles/bodily_functions_explained_goosebumps

Boyle Wheeler, R. (2019). *Presentación: Datos sobre el cabello gris: Cómo

cuidarlo y verte mejor. WebMD. https://www.webmd.com/beauty/ss/
slideshow-beauty-gray-hair-facts

Brazier, Y. (2024, 24 de mayo). *Flatulencia: Causas, remedios y complicaciones*.
Medical News Today. https://www.medicalnewstoday.com/articles/7622

Breyer, M. (2025, 27 de marzo). *8 razones por las que los mosquitos se sienten
atraídos por ti*. Verywell Health. https://www.verywellhealth.com/reason-
mosquitoes-bite-some-people-more-others-4858811

Brown, H. (2014, 18 de enero). *7 datos divertidos e inusuales sobre el cuerpo
humano*. Famous Scientists. https://www.famousscientists.org/7-fun-
and-unusual-facts-about-the-human-body/

Brusie, C. (2016, 22 de diciembre). *Ganglióforo esfenopalatino: Guía sobre el
congelamiento cerebral*. Healthline. https://www.healthline.com/health/
sphenopalatine-ganglioneuralgia-brain-freeze

Cahn, L. (2019, 11 de noviembre). *11 cosas más locas encontradas en el interior de
personas*. Reader's Digest. https://www.rd.com/list/craziest-things-found-
in-peoples-bodies/?__cf_chl_tk=iFOSpzvXvMLUKSt6LpaHjAVHLorR
M7KP8uKRSuNIqbA-1743597594-1.0.1.1-_ZACmYon64Ic9InUu2qMyN_7y
DOaZfXEKvS8DwHpxsE

¿Puedes estornudar con los ojos abiertos? (2016, 21 de diciembre). Wonderopo-
lis. https://www.wonderopolis.org/wonder/can-you-sneeze-with-your-
eyes-open

Chan, K. (2024, 8 de enero). *Memoria eidética: La realidad detrás de la mente —
fotográfica—*. Verywell Mind. https://www.verywellmind.com/eidetic-
memory-7692728

Choi, C. Q. (2013, 9 de enero). *¿Por qué los dedos de las manos y los pies se
arrugan en el agua?* Live Science. https://www.livescience.com/26097-
why-fingers-pruney-water.html

Choi, C. Q. (2023, 18 de marzo). *¿Por qué los perros inclinan la cabeza?* Live
Science. https://www.livescience.com/why-do-dogs-tilt-their-heads

Cirino, E. (2018, 1 de marzo). *¿Por qué tenemos cejas? Funciones, cejas gruesas,
delgadas y más*. Healthline. https://www.healthline.com/health/why-do-
we-have-eyebrows

Dargel, C. (2022, 20 de septiembre). *¿Puede el cabello mojado hacerte enfermar?*
Mayo Clinic Health System. https://www.mayoclinichealthsystem.org/
hometown-health/speaking-of-health/can-wet-hair-make-you-sick

Edwards, M. J., & Bhatia, K. P. (2012). Trastornos funcionales (psicógenos)
del movimiento: Uniendo mente y cerebro. *The Lancet Neurology, 11*(3),
250 260. https://doi.org/10.1016/s1474-4422(11)70310-6

Extance, A. (2016, 21 de diciembre). *Explicación: La química de los gases*.
Chemistry World. https://www.chemistryworld.com/news/explainer-
the-chemistry-of-farts/2500168.article

Fastrich, G. M., Kerr, T., Castel, A. D., & Murayama, K. (2018). El papel del interés en la memoria para preguntas triviales: Una investigación con una base de datos a gran escala. *Motivation Science, 4*(3), 227-250. https://doi.org/10.1037/mot0000087

Franzen, A., Mader, S., & Winter, F. (2018). Bostezos contagiosos, empatía y su relación con el comportamiento prosocial. *National Library of Medicine, 147*(12), 1950-1958. https://doi.org/10.1037/xge0000422

Frothingham, S. (2019, 12 de febrero). *¿Qué es el pelusón del ombligo y qué debería hacer al respecto?* Healthline. https://www.healthline.com/health/belly-button-lint

Frothingham, S. (2020, 27 de febrero). *¿Puedes estornudar con los ojos abiertos? ¿Te harás daño?* Healthline. https://www.healthline.com/health/can-you-sneeze-with-your-eyes-open

Galan, N. (2017, 9 de agosto). *¿Qué es la parestesia? Causas y síntomas.* Medical News Today. https://www.medicalnewstoday.com/articles/318845

Gallup, A. C., & Wozny, S. (2022). Bostezo contagioso interespecífico en humanos. *National Library of Medicine, 12*(15), 1908. https://doi.org/10.3390/ani12151908

Ghose, T., & Zimmermann, K. A. (2012, 11 de diciembre). *Pareidolia: Ver caras en lugares inusuales.* Live Science. https://www.livescience.com/25448-pareidolia.html

Giorgi, A. (2015, 26 de septiembre). *Todo lo que necesitas saber sobre los hipos.* Healthline. https://www.healthline.com/health/hiccups

Buena pregunta: ¿Por qué estornudar se siente tan bien? (2012, 18 de abril). *CBS News.* https://www.cbsnews.com/minnesota/news/good-question-why-does-sneezing-feel-so-good/

Gotter, A. (2018, 26 de marzo). *Mal aliento matutino: Prevención, causas, tratamiento y más.* Healthline. https://www.healthline.com/health/morning-breath

Gray, R. (2022, 20 de junio). Los sorprendentes beneficios de los dedos que se arrugan en el agua. *BBC.* https://www.bbc.com/future/article/20220620-why-humans-evolved-to-have-fingers-that-wrinkle-in-the-bath

Grucza, A. (2022, 9 de abril). *¿Qué es la insensibilidad congénita al dolor?* WebMD. https://www.webmd.com/children/what-is-congenital-insensitivity-pain

Gupta, P. (2021, 30 de septiembre). *¿Por qué estornudar se siente bien?* LifeMD. https://lifemd.com/learn/why-does-sneezing-feel-good

Hunter, A. (2023, 11 de octubre). *¿Puedes estornudar con los ojos abiertos?* HowStuffWorks. https://science.howstuffworks.com/science-vs-myth/everyday-myths/sneeze-with-eyes-open.htm

Johnson, J. (2024, 21 de octubre). *Bostezo: Causas y razones del bostezo contagioso.* Medical News Today. https://www.medicalnewstoday.com/articles/318414

Khan, M. (2008, 2 de abril). *Cómo mantener tu estómago quieto en público.* WikiHow. https://www.wikihow.com/Keep-Your-Stomach-Quiet-in-Public

Komarla, J. (2023, 14 de diciembre). *¿Por qué a algunas personas les gusta el olor de sus propios pedos?* ZME Science. https://www.zmescience.com/feature-post/health/food-and-nutrition/why-do-some-people-like-the-smell-of-their-own-farts/

Krakatoa: Erupción, causas e impacto. (2018, 9 de mayo). History. https://www.history.com/articles/krakatoa

Kumar, M. (2024). Explorando los sueños y analizando su impacto en el comportamiento. *Research Gate, 12*(1). https://doi.org/10.25215/1201.226

Lazear, R. (2025, 3 de marzo). *¿Cómo se forman las figuras de las nubes? Un científico explica los diferentes tipos de nubes y cómo ayudan a pronosticar el clima.* The Conversation. https://theconversation.com/how-are-clouds-shapes-made-a-scientist-explains-the-different-cloud-types-and-how-they-help-forecast-weather-247682

Love, S. (2023, 10 de julio). *¿Realmente "escuchamos" el silencio?* Scientific American. https://www.scientificamerican.com/article/do-we-actually-hear-silence/

Lovering, N. (2022, 22 de junio). *¿Puedo ser adicto al chocolate?* Psych Central. https://psychcentral.com/lib/does-chocolate-addiction-exist

Malchik, A. (2022, 31 de agosto). *El camino accidentado hacia un robot que camina.* Medium. https://antoniamalchik.medium.com/the-bumpy-road-to-a-walking-robot-c3d5e25e716c

Manto, M., Bower, J. M., Conforto, A. B., Delgado-García, J. M., da Guarda, S. N. F., Gerwig, M., Habas, C., Hagura, N., Ivry, R. B., Mariën, P., Molinari, M., Naito, E., Nowak, D. A., Oulad Ben Taib, N., Pelisson, D., Tesche, C. D., Tilikete, C., & Timmann, D. (2011). Roles of the cerebellum in motor control-the diversity of ideas on cerebellar involvement in movement. *The Cerebellum, 11*(2), 457-487. https://doi.org/10.1007/s12311-011-0331-9

Marks, H. (2012, 23 de agosto). *Sueños.* WebMD. https://www.webmd.com/sleep-disorders/dreaming-overview

Personal de Mayo Clinic. (2022, 26 de mayo). *Hipotensión ortostática (hipotensión postural).* Mayo Clinic. https://www.mayoclinic.org/diseases-conditions/orthostatic-hypotension/symptoms-causes/syc-20352548

McCallum, K. (2022, 3 de junio). ¿Por qué los mosquitos se sienten más atraídos por algunas personas que por otras? *Houston Methodist Leading*

Medicine. https://www.houstonmethodist.org/blog/articles/2022/jun/why-are-mosquitoes-attracted-to-some-people-more-than-others/

McDermott, A. (2016, 20 de diciembre). *¿Por qué las personas son cosquillosas?* Healthline. https://www.healthline.com/health/why-are-people-ticklish

Técnica de micrófono y cómo elegir un micrófono vocal para presentaciones en vivo. (s.f.). SingWise. https://www.singwise.com/articles/microphone-technique-and-choosing-a-vocal-microphone-for-live-performance-purposes

Mir, A. (2024, 3 de noviembre). *¿Por qué algunos animales brillan? Los secretos de la bioluminiscencia.* Medium. https://medium.com/the-thinkers-point/why-do-some-animals-glow-the-secrets-of-bioluminescence-2c91fa02bc02

Mitchell, C. (2019). *Evitar incendios por electricidad estática al cargar gasolina durante el invierno.* AccuWeather. https://www.accuweather.com/en/weather-news/what-causes-that-annoying-static-shock/338462

Moore, K. (2015, 6 de octubre). *¿Por qué me suena el estómago?* Healthline. https://www.healthline.com/health/abdominal-sounds

Morgan, K. K. (2024, 8 de febrero). *Causas de la sudoración excesiva.* WebMD. https://www.webmd.com/skin-problems-and-treatments/hyperhidrosis-causes-11

Mulcahy, L. (2023, 12 de septiembre). Por qué quizás no te guste tu voz grabada y cómo puedes cambiarla. *Washington Post.* https://www.washingtonpost.com/wellness/2023/09/12/why-your-recorded-voice-sounds-different/

Mito o realidad: ¿Comer zanahorias mejora la vista?. (2013, 27 de agosto). *Duke Health.* https://www.dukehealth.org/blog/myth-or-fact-eating-carrots-improves-eyesight

Mito o realidad: ¿Toma siete años digerir el chicle?. (2013, 27 de agosto). *Duke Health.* https://www.dukehealth.org/blog/myth-or-fact-it-takes-seven-years-digest-chewing-gum

Mitos sobre tus ojos y la visión. (2024, 13 de febrero). WebMD. https://www.webmd.com/eye-health/fact-fiction-myths-about-eyes

Naftulin, J. (2018, 13 de junio). *Por qué nos ponemos de mal humor cuando tenemos hambre, según la ciencia.* Health. https://www.health.com/nutrition/what-is-hangry

Nall, R. (2015, 9 de marzo). *Entumecimiento del pie.* Healthline. https://www.healthline.com/health/numbness-of-foot

Nichols, H. (2018, 28 de junio). *Sueños: Causas, tipos, significado, qué son y más.* Medical News Today. https://www.medicalnewstoday.com/articles/284378

Orf, D. (s.f.). *El sonido más fuerte conocido fue la erupción del volcán Krakatoa.*

History Facts. https://historyfacts.com/science-industry/fact/the-loudest-known-sound-was-the-eruption-of-the-krakatoa-volcano/

Osborn, C. (2017, 8 de mayo). *26 remedios para el hipo*. Healthline. https://www.healthline.com/health/how-to-get-rid-of-hiccups

Palermo, E. (2013, 1 de julio). *Lluvia de Peces: Cuando los peces caen del cielo*. Live Science. https://www.livescience.com/37820-lluvia-de-peces-fish-rain.html

Panoff, L. (2019, 5 de junio). *¿Las zanahorias son buenas para los ojos?* Healthline. https://www.healthline.com/nutrition/are-carrots-good-for-your-eyes

Pappas, S. (2023, 1 de febrero). *¿Qué causa el déjà vu?* Scientific American. https://www.scientificamerican.com/article/what-causes-the-feeling-of-deja-vu/

Pareidolia. (2023). Psychology Today. https://www.psychologytoday.com/za/basics/pareidolia

Rajan, E. (2019, 31 de diciembre). *Tragar chicle: ¿Es dañino?* Mayo Clinic. https://www.mayoclinic.org/diseases-conditions/indigestion/expert-answers/digestive-system/faq-20058446

Rath, L. (2022, 13 de febrero). *Síndrome de Cotard: ¿Qué es?* WebMD. https://www.webmd.com/schizophrenia/cotards-syndrome

Roland, J. (2017). *Hipertricosis (síndrome del hombre lobo): Causas, tratamientos y tipos*. Healthline. https://www.healthline.com/health/hypertrichosis

Rosa-Aquino, P. (2022, 17 de diciembre). *Informes extraños han afirmado que los humanos pueden estallar en llamas espontáneamente, pero la ciencia puede explicar cómo los cuerpos a veces actúan como una mecha de vela*. Business Insider. https://www.businessinsider.com/is-spontaneous-human-combustion-real-or-myth-scientific-evidence

Sadr, J., Jarudi, I., & Sinha, P. (2003). El papel de las cejas en el reconocimiento facial. *Sage Journals, 32*(3), 285-293. https://doi.org/10.1068/p5027

Santos-Longhurst, A. (2018, 30 de julio). *¿Cuánto tiempo tarda en digerirse el chicle?* Healthline. https://www.healthline.com/health/how-long-does-gum-take-to-digest

Semple, K. (2017, 16 de julio). Cada año, el cielo 'llueve peces'. Las explicaciones varían. *The New York Times*. https://www.nytimes.com/2017/07/16/world/americas/honduras-rain-fish-yoro.html

Shmerling, R. H. (2018, 6 de mayo). Crujirse los nudillos: ¿Molesto y dañino, o solo molesto? *Harvard Health Blog*. https://www.health.harvard.edu/blog/knuckle-cracking-annoying-and-harmful-or-just-annoying-2018051413797

Shmerling, R. H. (2020, 3 de agosto). ¿Te preguntas sobre la piel de gallina? Por supuesto que sí. *Harvard Health Blog*. https://www.health.harvard.

edu/blog/wondering-about-goosebumps-of-course-you-are-2020080320688

Sinclair, C. (2022, 24 de mayo). Protección auditiva en festivales y conciertos. *Alpine Hearing Protection*. https://www.alpinehearingprotection.com/blogs/party-music/hearing-protection-at-festivals-and-concerts

Singh, N. (2022, 10 de abril). *Los científicos descubrieron por qué a las personas les gusta el olor de sus propios pedos*. Medium. https://medium.com/illumi nation/experts-found-people-like-the-smell-of-their-own-farts-7193c05 ba764

Smuts, A. (s.f.). *Humor*. Internet Encyclopedia of Philosophy. https://iep. utm.edu/humor/

¡Un estornudo puede viajar hasta 160 km/h! (2022). American Renaissance School. https://www.arsnc.org/2022/12/16/7218/coughing-and-sneezing-are-just-some-of-the-more-interesting-and-complicated-ways-the-body-works-to-protect-your-lungs-from-contamination

Songu, M., & Cingi, C. (2009). Reflejo del estornudo: Hechos y ficción. *Therapeutic Advances in Respiratory Disease, 3*(3), 131-141. https://doi.org/10. 1177/1753465809340571

Stone, J., Carson, A., & Sharpe, M. (2005). Síntomas funcionales en neurología: Manejo. *BMJ Journals, 76*(suppl_1), i13-i21. https://doi.org/10.1136/jnnp.2004.061663

Suni, E., & Dimitriu, A. (2020, 30 de octubre). *Sueños: Por qué soñamos y cómo afectan el sueño*. Sleep Foundation. https://www.sleepfoundation.org/dreams

Así es cuánto sudas cada hora en calor extremo. (2017, 5 de julio). KHQ Right Now. https://www.khq.com/news/this-is-how-much-sweat-you-lose-each-hour-in-extreme-heat/article_1571748o-f697-58f7-b9bf-c0feb5964 b85.html

Trudeau, M., & Greenhalgh, J. (2017, 15 de mayo). *El bostezo puede promover el vínculo social, incluso entre perros y humanos*. NPR. https://www.npr.org/sections/health-shots/2017/05/15/527106576/yawning-may-promote-social-bonding-even-between-dogs-and-humans

Entendiendo los micrófonos. (2012, 27 de junio). Institute of Museum and Library. https://ohda.matrix.msu.edu/2012/06/understanding-micropho nes/

Uttekar, P. S. (s.f.). *¿Cuánto suda una persona promedio en un día?* Medicine-Net. https://www.medicinenet.com/how_much_does_an_average_perso n_sweat_in_a_day/article.htm

Úvula: Anatomía, función y definición. (2022, 6 de abril). Cleveland Clinic. https://my.clevelandclinic.org/health/body/22674-uvula

Van, G. (2018, 31 de mayo). *¿El café realmente afecta tu crecimiento?* Healthline. https://www.healthline.com/nutrition/does-coffee-stunt-growth

van de Laar, L. (2022, 17 de mayo). Estornudos: 10 razones, causas y factores desencadenantes. *Houston ENT*. https://www.houstonent.com/blog/snee zing-10-reasons-causes-and-triggers

Vandergriendt, C. (2023, 20 de marzo). *¿Cuánto tiempo puedes pasar sin dormir? Funciones, alucinaciones y más.* Healthline. https://www.health line.com/health/healthy-sleep/how-long-can-you-go-without-sleep

Villazon, L. (s.f.). *¿Por qué estornudar se siente tan bien?* Science Focus. https://www.sciencefocus.com/the-human-body/why-does-sneezing-feel-so-good

Wells, D. (2017, 20 de noviembre). *Fantosmia: Olores comunes como humo, causas y tratamiento.* Healthline. https://www.healthline.com/health/phantosmia

¿Qué atrae a los mosquitos? Comprendiendo los factores que los atraen. (2024, 23 de septiembre). Aptive Environmental. https://aptivepestcontrol.com/pests/mosquitoes/what-attracts-mosquitoes-understanding-the-factors-that-draw-them-in/

¿Qué pasa si te aguantas los gases? (s.f.). Hackensack Meridian Health. https://www.hackensackmeridianhealth.org/en/healthu/2023/11/15/what-happens-if-you-hold-in-farts

Whelan, C. (2020, 22 de septiembre). *¿Por qué las cebollas te hacen llorar? Enzi-mas, tratamientos y más.* Healthline. https://www.healthline.com/health/why-do-onions-make-you-cry

Whitcomb, I. (2022, 18 de julio). *¿Por qué se nos pone la piel de gallina?* Live Science. https://www.livescience.com/32349-what-causes-goose-bumps.html

¿Por qué las personas son cosquillosas? (2024, 30 de mayo). Cleveland Clinic. https://health.clevelandclinic.org/why-are-people-ticklish

¿Por qué recuerdo información inútil en lugar de útil? (2018). The Naked Scien-tists. https://www.thenakedscientists.com/articles/questions/why-do-i-remember-useless-information-over-useful-information

¿Por qué nos reímos cuando alguien se cae? (2011, 14 de febrero). Universidad de Cambridge. https://www.cam.ac.uk/news/why-do-we-laugh-when-someone-falls-over

¿Por qué nos gustan nuestros propios pedos? (9 de noviembre de 2014). Science-Alert. https://www.sciencealert.com/watch-why-do-we-like-our-own-farts

¿Por qué estornudamos? (16 de junio de 2021). Williams Integracare Clinic. https://integracareclinics.com/why-do-we-sneeze/

¿Por qué te truenan los oídos en los aviones? (2025). Royal Society Te Apārangi.

https://www.royalsociety.org.nz/150th-anniversary/ask-me-questions/
why-do-your-ears-pop-in-planes/

¿Por qué te truenan los oídos en un avión? Y otras preguntas sobre volar respondidas. (5 de agosto de 2022). BBC Bitesize. https://www.bbc.co.uk/bitesize/articles/zvcd7v4

¿Por qué mi cuerpo se sacude antes de dormirme? (para adolescentes). (s.f.). Nemours Teens Health. https://kidshealth.org/en/teens/sleep-start.html

¿Por qué se duerme mi pie? (para niños). (2025). Kids Health. https://kidshealth.org/en/kids/foot-asleep.html

¿Por qué tu voz suena diferente en una grabación? (14 de septiembre de 2013). *BBC.* https://www.bbc.com/future/article/20130913-why-we-hate-hearing-our-own-voice

Por qué recordamos trivia: La ciencia de la memoria. (21 de octubre de 2024). *The Sporcle Blog.* https://www.sporcle.com/blog/2024/10/why-we-remember-trivia/

Winchester, S. (2003). *Krakatoa: El día en que el mundo explotó.* Harper Collins.

Zoppi, L. (17 de julio de 2020). *Lo que debes saber sobre el mal aliento matutino.* Medical News Today. https://www.medicalnewstoday.com/articles/morning-breath